게임이론
플레이어, 전략, 이익

가와니시 사토시 지음
엔모 다케나와 그림
복창교 옮김

경영아카이브

이 책은 문제해결 툴로서의 게임이론 입문서입니다.

현재 게임이론은 다양한 사회문제 해결 방법을 찾는 수단으로서, 많은 연구자에 의해 널리 사용되고 있습니다.

응용경제학을 전문으로 하는 저도, 20여 년 전부터 다양한 경제사회문제를 해결하기 위해 게임이론을 이용한 연구를 진행해왔습니다.

게임이론을 사회문제를 분석하는 데 활용하기 시작했을 때, 세상에 대한 관점이 크게 달라졌음을 깨달았던 그 느낌을 여전히 기억하고 있습니다. 예전에는 이해할 수 없었던 현상이 명료하게 구조가 보이고, 문제를 해결하기 위해 무엇을 해야 하는지 생각할 수 있게 되었습니다.

게임이론을 배우고 나서 세상을 보는 견해가 달라지는 이유는 '우리가 사물이나 현상을 보는 견해'와 '게임이론의 견해'가 다르기 때문입니다.

어린아이들은 특히 그렇지만, 우리는 자신이나 자신이 놓인 상황을 객관적으로 잘 보지 못합니다. 자신의 시선으로밖에 보지 못하면, 타인의 행동을 예상하거나 이해하지 못합니다.

이렇게 해서는 문제의 본질을 이해할 수 없습니다.

우선 게임이론은 자신뿐만 아니라, 타인을 포함한 상호의존관계를 조감하여, 문제의 전체상을 파악합니다. 공간적 시야를 넓혀서 문제의 구조를 파악하는 것이죠.

시간적 시야도 다릅니다.

우리의 시간적 시야는 좁아지기 쉽고, '그때 내가 왜 그랬지……' 하고 후회하는 일도 자주 있습니다. 그렇게 되지 않기 위해서는 시간적 시야를 넓혀서 상황을 분석하는 것이 중요합니다. 게임이론에서는 장기적 관점으로 목표를 계획적으로 달성하기 위한 방법을 배울 수도 있습니다.

게임이론을 배우면, 시공간적 시야가 넓어져 문제의 본질을 간파하는 힘, 문제를 해결하는 힘을 체득할 수 있겠죠. 이는 학술 연구자뿐만 아니라, 비즈니스맨이나 학생들도 사용할 수 있는 스킬입니다.

실제 게임이론은 비즈니스 리더를 목표로 하는 사람이 많이 다니는 MBA 스쿨 등에서 일반 과목이 되어 있습니다.

저도 비즈니스맨을 타깃으로 한 『게임이론의 사고법』이라는 게임이론 입문서를 출간한 적 있습니다.

하지만 독자 분들로부터 "게임이론 입문서만으로는 어떻게 문제를 해결할 수 있을지 모르겠어요" "구체적으로 어떻게 응용해야 할지 잘 떠오르지 않아요"와 같은 의견이 밀려들기 시작했습니다.

　그래서 게임이론 응용법을 알기 쉽게 전달하고 싶어, 이 책을 출간하게 되었습니다.

　온천마을의 다양한 문제를 해결하려 도전하는 긴지로의 분투를 통해서, 게임이론 사용법을 최대한 이미지화할 수 있도록 만화로 그려냈습니다. 포인트 해설에서는 기초적인 개념 소개뿐만 아니라, 실제 겪을 수 있는 현실적인 문제를 생각하기 위한 요령이나 그것을 활용할 수 있기 위한 방법을 소개합니다.

　그럼, 긴지로의 분투기와 함께 게임이론의 심오한 세계를 즐겨보세요.

　　　　　　　　　　　　　　　　　　　　　　　　　　가와니시 사토시

끝으로 끝으로　236

게임이론이란

어, 어머나~ 멋진 그림이네요!

뭘 그린 거야…!!

걸작을 그릴 수 있을 거 같아요!

참신 하네요.

손님 목욕 준비 다 됐습니다.

'개미가 바라보는 산의 석양' 이에요!!

네엡♪

손님이라곤 좀 유별난 사람이 한 명…

개미…?

뭐가 있을 리 없는,
원래 탄광촌이었던
이 시골 동네는

활기도 없고,
희망도
보이지
않는달까….

도쿄로
돌아가고
싶다….

게이마

아니,
저녁 식재료 말인데,
전에도 말했잖아요.

이 업체가 더
저렴하니
바꾸자고.

그건 안 돼!
지금도 품질이
그렇게
좋지 않은데.

이 동네 숙박비가
점점
내려가고 있으니,
최대한
절감해야 해요….

저렴한 숙박시설이니 손님도 그다지 기대 안 할 거예요.

요즘 사람들은 싸면 쌀수록 좋아하니까.

그런가….

때 지난 프라이드만 지키고 있다간 될 일도 안 돼요.

….

아하하하

아아! 왔다 왔어. 긴지로.

미안, 갑자기 불러서.

어머나, 이 버섯수프 정말 맛있네!

…감사합니다.

특별히 따 온 거예요.

가코 씨는 특히 산채나 버섯 같은 걸 좋아했잖아요.

기억하고 계셨구나?! 기쁘네요!

누구지…?

어디서 본 것 같기도 하고….

아버지 회사를 꽤 많이 도와주셨어.

너랑 놀아주시기도 하셨고.

20년 전

그… 그렇군요.

잠깐! 기억 안 나!?

결혼하자고 약속까지 했는데!

아하하하

어머나~ 그랬구나~♥

오호호호

기억 안 나요!!

그 시절과는 다르게 이 동네도 한산해져서

이런 추억 이야기도 언제까지 할 수 있을지….

얘가 돌아와 줘서 든든하긴 한데… 이런 시골에 있는 낡은 여관을 이어가는 것도 무거운 짐이겠죠.

나는 추억이 아주 많아서 더 바랄 건 없지만요.

하아아아…

…그럼 슬슬 가봐야겠네요.

뭐 별건 없지만 편히 쉬세요.

아아 재밌다

드디어 해방이다….

긴지로! 잠깐 괜찮니?

…네?

…이 일 하고 싶긴 한 거야?

프런트에 손님을 5분이나 기다리게 하고, 시설도 망가져 있어서 쓰지 못하는 게 한가득이야.

식사도 그래…. 사장님이 내어주신 버섯수프 말고는 어디서나 먹을 수 있는 것 뿐이라고.

고장

마을 노천 족욕탕도
쓰지도 못할 정도로
방치해뒀고….
네 아버지 때는
달랐어.

이렇게
가다간 곧
문을 닫을지도
몰라.

어…
어쩔 수
없어요.

우리 마을에
뭐가 있어야 말이죠.
사람들이 모일 만한
멋진 관광자원이
있는 것도 아니고….
그냥 원래 탄광촌이었던
마을일 뿐이에요.

가격을 내리지 않으면
손님이 오질 않아요.
가격을 내리려면
어디서든
절감해야 하잖아요….

이렇다 할
여관조합이
있는 것도 아니고,
종업원도
의욕이 없고….

하지만
이런 상황에서
누가 의욕을
낼 수 있을까요.

시대의
흐름입니다….
어쩔 수
없다고요.

그건
긴지로의
생각이고.

좀 더 다른
의견이
있으리라고
생각 안 해?

긴지로가
있고
종업원이
있지….

거기에
여관조합이 있고,
손님이 있어….
다른 관광지의 입장에서 보면
다른 의견이
있을 수도 있지.

각각
시점을 알면
대책도 생기게
마련이야.

필드를 뛰는
축구선수의 시점과
경기를 조감하는
중계화면은
보이는 것이 전혀
다르지 않을까?

선수, 팀 각각
시점이 있고,
이해관계가 있어.

혀…현실에는
중계화면
같은 건
없잖아요.

01 게임이론이란

다양한 문제에 응용할 수 있는 게임이론

　20세기에 접어들면서 천재 수학자 폰 노이만과 경제학자 모르겐슈테른이 경제문제를 분석하기 위해 수학적 이론으로서 생각한 것이 게임이론의 시작입니다.

　게임이론은 **이해가 대립하는 자끼리 관계나 흥정을 분석하는 툴로서** 태어났습니다. 이후 국가 간의 관계나 동물의 행동을 분석하는 툴로서도 이용할 수 있다는 사실이 명확해졌으며, 경제학에 머무르지 않고 사회학이나 심리학, 생물학 등 다양한 학문 분야에서 쓰이고 있습니다.

　사람이나 조직, 혹은 생물 등이 상호 영향을 주는 상황에서는 시간적으로 이해할 수 없는 현상을 관찰할 수 있습니다. 그런 상황을 이해하기 위해선 게임이론이 매우 효과적이라는 사실이 명확해졌습니다.

게임이론
이해가 대립하는 자끼리 관계나 흥정을 분석하는 툴

■ 게임이론의 응용 범위

국가 간 대립

조직 내 문제

02 게임이론의 특징

문제를 조감하다

　게임이론의 특징은 **복수의 사람이나 조직 간에서 일어나는 상황의 전체 상을** (하나의 게임으로서) **객관적으로 조감해서 분석하는 것**입니다.

　이 **조감사고가 게임이론의 최대 특징**입니다.

　게임이론이 유익한 이유는 일반적으로 **우리 인간은 이 조감사고에 굉장히 취약**하기 때문입니다.

　자신의 시점으로 상황을 보는 것은 비교적 간단합니다. 하지만 문제를 단면적으로밖에 파악할 수가 없고, 본질을 이해하지 못하는 일이 많습니다.

　긴지로는 다양한 문제에 직면해 있습니다. 그리고 자신이 처한 상황을 조감하지도 못하고, '상황을 개선할 수 없다' '문제는 해결할 수 없다' 하고 포기해버렸습니다. 이에 대해 가코는 상황을 조감해서 분석해, 문제의

본질을 이해하면 해결할 수 있다고 보았기에 긴지로에게 조언을 해줬습니다.

문제를 조감하여, 문제의 전체상을 대국적으로 인식하기 위해서는 상상력이 필요합니다.

'타인의 입장에서 보면 어떠한 문제가 보일 것인가?'

이러한 **다면적 시각으로 문제의 본질을 파악하는 것**이 게임이론의 최대 특징입니다.

말은 쉽지만 상황을 조감하는 것은 그렇게 간단하지 않습니다.

긴지로가 온천여관을 둘러싼 다양한 문제를 고민하다가 의욕을 잃어버린 것처럼, 자신의 시각에서 보는 것만으로도 한계를 느끼는 복잡한 상황은 자주 있습니다. 더구나 타인의 시각까지 더해야 한다면 훨씬 까다로워지고, 이해하기 어려워질 테죠.

복잡한 상황은 조감해서 생각하라.

단순하게 생각하라

그래서 도움이 될 만한 것이 게임이론의 또 다른 특징 중 하나인 '단순화'입니다.

여러 사람이나 조직이 서로 영향을 주고받는 상황을 세세한 부분까지 얽매이면, 너무나 복잡해서 상황을 이해할 수 없게 됩니다.

물론 디테일이 중요한 케이스도 있지만, **상황을 이해할 수 없어서 진전이 없다면 가장 중요한 포인트에 의식을 집중하는 편이 현명**하겠죠. 결국 상황을 심플하게 이해하고, 접근해야 합니다.

게임이론에서는 **플레이어, 전략, 이익이라는 세 가지 요소만을 취해, 복잡한 상황을 단순화**해서 이해하려고 합니다. 각각 자세한 내용은 다음 표를 확인하세요.

게임이론을 처음 배우는 사람들은 '이렇게까지 단순화하면 문제의 본질까지 잃어버리지 않을까' 우려합니다. 물론 중요한 부분까지 추상화해서는 안 되겠지만, 플레이어, 전략, 이익의 세 가지 요소를 적절히 골라낼 수 있다면 충분히 문제의 본질을 파악할 수 있습니다.

게임이론의 3요소

플레이어	· 플레이어는 해당 상황 속에서 중심적 역할을 하는 사람이나 조직이다. · 상황 속에서 문제의 본질과 관련 있는 중요한 인물이나 조직은 누구인지 생각하고, 거기에만 집중한다. · 익숙해지지 않을 때는 플레이어를 두 사람으로 좁혀서 분석한다.
전략	· 전략이란 각 플레이어가 가진 행동의 선택지이다. · 결과에 영향을 끼치는 중요한 선택에만 집중하는 것이 중요하다.
이익	· 이익이란, 일어날 수 있는 결과가 플레이어들에게 있어서 바람직한 정도를 말한다. · 두 플레이어가 각자 두 가지 전략을 가지고 있다면, 일어날 수 있는 결과는 네 가지(2×2=4)이다. 이것이 플레이어 각자에게 있어서 어느 정도 바람직한가를 숫자로 나타낸 것이 '이익'이다. · 한 플레이어가 바람직하다고 생각한 결과라도, 다른 플레이어가 바라는 결과라고는 할 수 없다.

03 문제를 심플하게 인식하면
보이는 것

단순화하면 얻을 수 있는 세 가지 시각

　게임이론은 상황을 극단적으로 간략화해서 이해하려는 특징이 있는데, 여기엔 다양한 메리트가 있습니다.

　각각 자세하게 알아보도록 하겠습니다.

시각1. 다양한 상황 및 분야에 응용할 수 있다

　게임이론은 경제학뿐만 아니라, 생물학이나 사회학, 정치학, 심리학 등 다양한 분야에서 분석 툴로서 이용되고 있는데, 그 이유는 '단순화'에 있습니다.

　비즈니스의 다양한 문제뿐만 아니라, 정치상의 문제, 동물의 문제도 단순화해서 숫자로 나타내면 동일하게 분석할 수 있습니다.

　또, 예를 들어 기업 간의 협력관계나 적대관계와 유사한 관계가 동물 간

에도 존재하듯, 어느 학문 분야에서 명확하게 밝혀진 것이 전혀 다른 학문 분야의 분석에도 적용되는 일이 있습니다. 이렇게 **게임이론을 이용한 분석은 학문 분야의 장벽을 뛰어넘어 널리 퍼지고 있으며, 비즈니스 세계에서도 이용되는 수단이 되고 있습니다.**

시각2. 문제의 전형적인 패턴을 알 수 있다

언뜻 전혀 다른 문제처럼 생각되어도, 게임으로 표현하면 숫자상으로는 거의 동일한 구조를 가지고 있는 경우가 있습니다. 왜냐하면 사실 **문제가 일어나는 구조에는 몇 가지 전형적인 패턴이 있기 때문**입니다.

문제를 일으키는 전형적 패턴을 알고 있느냐에 따라 세상을 보는 시각이 달라집니다. 미리 문제의 패턴을 알고, 각 문제의 구조와 그 대처법을 알아두는 것만으로 동일한 구조로 일어나는 다양한 문제에 대처할 수 있게 되겠죠.

시각3. 시야가 쉽게 넓어진다

디테일에 집착하면 시야가 좁아지기 쉽지만, 쓸데없는 것을 추상화하면 시공간적 시야를 넓힐 수 있습니다.

가코는 축구를 예시로 들었는데, 시야가 좁은 플레이어는 적은 선택지밖에 볼 수 없기 때문에 좀처럼 불리한 상황을 타개할 수 없습니다. 시야를 넓히면 넓힐수록 보다 좋은 패스나 슛 코스가 보이게 될 것이며, 능숙하게 경기를 진행할 수 있게 됩니다.

비즈니스 세계에서도 동일하게 말할 수 있습니다. 자신의 시선으로밖에 현상을 볼 수 없는 사람보다도, 타인의 입장이 되어 현상을 볼 수 있는 사람에게 문제의 구조가 잘 보입니다. 또, 문제를 심플하게 파악함으로써 더욱 공간적 시야를 넓힐 수 있는 여유가 생기면 문제해결을 도와주는 '제3의 플레이어'의 존재를 깨닫기도 하겠죠.

문제를 심플하게 보고, 본질을 파악하려 하면 시간의 중요성도 깨닫게 됩니다.

우리가 떠안은 많은 문제는 지금의 행동이 아니라, 과거의 행동에 원인이 있는 경우가 많습니다. 즉, 행동과 결과 사이에는 시간차가 있는 케이스가 많습니다. 그걸 깨닫지 못하고, 눈앞의 것만 생각해서는 문제를 본질적으로 해결할 수 없습니다.

04 게임이론을 비즈니스에
응용하기

비즈니스 현장엔 게임이론의 대상이 넘친다

게임이론은 다양한 문제에 응용할 수 있습니다.

학문의 세계에서는 다양한 분야에서 표준적 분석 툴로서 응용되고 있지만, 그 범위는 학문의 세계에 머물지 않습니다. 비즈니스 세계에서도, 의사결정이나 문제해결 툴로서 그 유효성을 인정받고 있습니다. 세계 유수의 비즈니스 스쿨에서 게임이론은 가장 중요한 과목 중 하나라는 사실이 그 증거입니다.

어째서 비즈니스 세계에서 게임이론이 효과를 발휘하고 있는 것일까요?

특히 현대 비즈니스 현장에서는 복잡한 이해관계나 상호의존관계가 넘쳐나기 때문입니다.

우리는 고객, 경쟁기업, 거래처, 은행 등 금융기관, 행정, 지역, 주주 등 여러 이해관계 및 상호의존관계를 구축하고 있습니다. 또, 기업 내부로 눈을

돌려도, 경영자와 종업원 및 노동조합, 부서 간 관계, 부서 내 상사, 동료, 후임과의 관계 등, 가지각색의 인간관계가 있습니다.

특히 리더로서 책임을 떠안은 입장이 되면, 이러한 관계 안에서 일어나는 여러 문제에 대해 어떻게 대처해야 하는지 알아두면 좋을 것입니다. 게임이론은 그 힌트를 줄 것입니다.

현상유지가 허락되지 않는 시대의 문제해결력

IT를 비롯한 기술혁신이나 세계화, 사람들의 가치관이나 라이프스타일의 변화에 의해서 오늘날 비즈니스 환경은 예전과는 비교할 수 없을 정도로 빠르게 변화하고 있습니다. 얼마 전까지만 해도 시대를 선도하던 것이 금세 시대에 뒤떨어진 것으로 바뀌는 일도 자주 있습니다. 또, 지금껏 경험한 적 없는 새로운 문제에 직면하는 케이스도 늘어나겠죠.

이러한 모든 문제에 게임이론을 응용할 수는 없겠지만, **비즈니스 문제의 대부분은 복잡한 관계에서 발생**하고 있습니다. 그리고 문제를 해결하는 수단으로서 게임이론은 위력을 발휘할 것입니다.

문제해결에 응용하기 위해서

이 책의 목표는 게임이론을 다양한 비즈니스 문제를 해결하는 데 활용하는 것입니다. 긴지로가 게임이론을 이용해 문제를 해결하는 모습을 지켜보며, 게임이론을 현실 문제에 응용하는 케이스를 상상해봅시다. 또, 해설에서는 자신의 문제에 적용해서 생각하는 'Work'도 준비했습니다.

그러나 실제 상황에서 활용하려면 이 책을 읽고 'Work'를 하는 것으론 충분하지 않습니다. 이것은 어떤 분야에서도 마찬가지입니다. 실제로 활용해보고, 그 이론을 깊이 이해하고, 체득하면, 능숙하게 쓸 수 있게 됩니다.

평소 생활 속에서 '이 문제에 게임이론을 쓸 수 있을지도 몰라' 하고 느끼다면, 일단 해보세요(물론 초반에는 실패해도 상관없는 문제부터 시작하세요).

그것이 게임이론 사고법을 습득하고, 문제해결력을 높이는 지름길입니다.

Part 1

죄수의 딜레마
-게임이론의 기본

여기서 게임이론의 관점을 응용하는 거야.

게임에 이길 수 없을 것 같다면 룰을 바꿔버리면 돼.

정직한 사람이 득을 보도록 말이야.

좋아! 잘 안 되면 그만두면 되는 일이야!

후나리 마을회관

어…

Story 1

**이길 수 없는
게임이라면
룰을 바꿔라**

그럼
조합 정기회의를
시작하겠습니다….

히샤야 사장

다마노유 사장

가쿠교여관 사장

오쇼호텔 사장

…

그럼 이만
마치겠
습니다.

어이!
아직 아무 말도
안 했는데!

아 그럼
무슨
의제라도
있을까요?

항상 할 말도 없는
회의에다
사이도 별로
안 좋으면서….

'죄수의 딜레마'는 게임이론에 있어서 가장 대표적인 것 중 하나야.

다음과 같은 상황을 바탕으로 하고 있어.

두 죄수가 각각 다른 취조실에서 한 가지 제안을 받는다.

죄수 A

죄수 B

조건 ①
두 사람 모두 자수하면 금고 1년 형에 처한다.

A   B

자수

1년

조건 ②
두 사람 모두 자수하지 않으면 금고 1개월 형에 처한다.

A   B

….

1개월

조건 ③
한 사람만 자수하면
자수한 쪽은 석방,
하지 않은 쪽은
금고 3년 형에
처한다.

자수 ···. ···. 자수

or

3년 3년

네가 죄수 중
한 사람이라면
어떻게 할래?

네에?
망설여지네요···.
확실히 딜레마에
빠질 것 같아요.

모 아니면
도니까
석방을 노려서
자수할까?

하지만
상대도 똑같이
생각하면
금고 1년 형
이잖아요···.

둘 다
자수하지
않으면
1개월로
끝날 텐데.

그렇지!
두 사람의 '집단'으로서는
서로 협력해서
②가 최선이겠지?

하지만
각자 자신의 이익만
생각하고, ③처럼 행동하면
①이 되어버리고
말 거야.

'죄수의 딜레마'의 포인트는 서로가 어떻게 나올지 모른다는 것이야.

게임이론의 사고법을 모르면 한쪽의 입장만으로 '자수한다' '자수하지 않는다' 두 가지 방법밖에 생각할 수 없어.

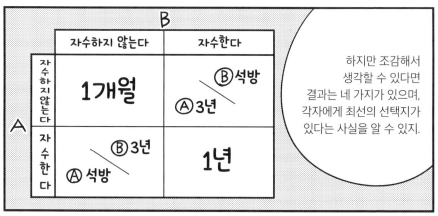

	B	
	자수하지 않는다	자수한다
A 자수하지 않는다	1개월	Ⓑ석방 Ⓐ3년
자수한다	Ⓑ3년 Ⓐ석방	1년

하지만 조감해서 생각할 수 있다면 결과는 네 가지가 있으며, 각자에게 최선의 선택지가 있다는 사실을 알 수 있지.

게임이론은 이렇게 상대의 입장도 포함해 생각해가는 거야.

확실히 여태까지는 나의 이익만 생각했지, 집단의 이익 같은 건 생각하지 않았네요.

비슷한
상황은
얼마든지
있어.

예를 들어, 여름철
에어컨 같은 거야….
'나 하나쯤이야'
하는 생각이
전체 전력소비량을
증대시키고, 그 결과
전기료가 오르게 되지.

숙박시설끼리
가격경쟁도
그래.

각각 일시적인
이익을 위해서
계속 가격을 낮추었더니,
어디나 고객에게
서비스를 제공할
여유가 없어졌어.

결국엔
온천마을 전체
브랜드 이미지도
훼손됐지.

오쇼호텔

협력해서
가격경쟁을
그만해야 한다는
거군요….

저기

말씀하신 바는 알겠는데
그런 협력이 안 되니까
이렇게 된 거예요….

그 말대로야!

여기서
게임이론의
관점을
응용하는 거야.

게임에
이길 수 없을 것 같다면
룰을 바꿔버리면 돼.

정직한 사람이
득을
보도록 말이야.

아무리 '협력해야 한다' 하고
정론을 말해도 선의에
호소하기만 해서는 안 돼.

'정직한 사람만 바보가 되는 상태'가
되어버리면 아무도 협력하지 않겠지.

룰을
바꾼다고!?

그게 무슨 말이야?

아직 저 혼자만의 생각이지만… 어떻게 생각하세요?

뭐 솔직히 가격경쟁은 우리도 더 이상 한계인 거 같고, 다른 곳도 마찬가지잖아.

이 상황을 타개할 수 있다면 좋겠지만 오쇼호텔이 듣겠어?

그렇게라도 버니까 하는 거지.

룰을 바꾸고 싶은 이유가 그거예요.

가격이 아니라 숙박 서비스의 질로 경쟁하면 어떨까 해요….

가격
↓
서비스

시설이나 숙박 서비스의 질에 대해서 기준을 정하고

내가 생각한 건 아니지만…

그 기준을 지키기 않은 업체엔 페널티를 주는 거예요.

그러면
무심코 가격을 낮춰서
객단가가 내려가면
기준을 충족시키지
못하잖아요.

이러면
가격협정 없이도
전체 기준을
올릴 수 있지
않을까요….

평가항목이나
페널티는
지금부터
생각해야
하지만요.

…뭐 조합에
제안하려면
구체적으로 준비해서
설득력이
있어야 할 텐데.

품질기준

ok

페널티

나도
평가항목
같은 걸
생각해보지.

감사합니다!

다만…
브랜드 이미지라는 말이
와닿지가 않아….

이 마을에
그런 가치가
있긴 한가.

아-
개운하다!

긴지로,
온천욕 효과 표지판
좀 더 알기 쉽게
해두면 어때?

모처럼 온천하면서
읽어보면 좋을 텐데.

게이마야

좀 더 어필하는 게
좋을 거 같아.

어필이라⋯.

어머!
뭐 보고
있어?

옛날 사진
앨범요.

⋯저
후나리온천이
왜 쇠퇴했는지
알 것 같아요.

참 큰일이에요.
마을 전체
문제잖아요.

저 혼자서는
어림도
없어요….

그렇지.

상황을 '게임'으로
인식하고
본인이 처한 상황을
조감한 뒤부터

자기 혼자서
애써봤자
헛일이라는 걸
깨닫지.

'게임'
말이죠….

손님 입장에서는
가격을 올리면
그에 상응하는 가치가
필요하잖아요?

그렇지만
우리는 그저
탄광촌에
지나지 않아요.

고급 온천여관에서 즐기는
'마음 편한 한때' 같은 건,
더럽고 힘든
탄광의 이미지와는
정반대이고….

어머,
그럴까?

어 그러니까 게임이론적으로…

뭐 이건 됐고.

새로 태어난 탄광촌

어쨌든 이대로는 다 함께 망하고 말 겁니다….

확실히 그럴지도.

일리 있네.

가격 같은 건 자유경쟁이잖아!

나는 반대야.

오쇼호텔 사장님이야말로 좀 더 수익이 생기면 설비에 투자할 수 있잖아요.

…음.

이러니저러니 해도 이 동네 가장 큰 숙박시설이니

그에 어울리는 수준은 돼야 하고,

오쇼호텔

그 때문에라도 숙박비를 할인해서는 안 된다고 생각합니다.

…!? 나 좀 그럴싸하게 말한 거 같은데.

으음~, 그렇군.

그런 시각도 있구먼…?

상대의 입장도 포함해 생각해가는 거야.

게임이론 덕분에 말도 잘하게 된 거 같다.

그렇 습니다!

자기 혼자만의 시각에서 벗어나 상황을 조감해서 봐주십시오.

이 동네에만 온천이 있는 것이 아니잖아요.

다른 온천마을과 경쟁하기 위해서는 우리 마을 나름대로의 장점을 추구할 필요가 있겠죠.

상대의 입장 상대의 입장…

우리끼리 서로 경쟁하기보다 어느 정도는 협력하는 것이 우리 모두를 위한 일입니다.

01 죄수의 딜레마란

게임이론 분석방법을 알아보자

'**죄수의 딜레마**'는 게임이론 중에서 가장 유명하고, 또 중요한 사례입니다.

이는 용의자(죄수) 두 사람이 각자 경찰에게 한 가지 제안을 받는 상황을 가정합니다. 게임이론의 구체적인 이미지를 파악하기 위해, 이 상황을 어떻게 분석할지 자세히 보도록 하겠습니다.

프롤로그에서 말했듯, 게임이론의 특징은 부여받은 상황의 본질적인 부분으로서, 플레이어, 전략, 이익의 세 가지만을 두고 이해하려는 것입니다.

구체적인 절차는 다음과 같습니다.

스텝1. '플레이어'를 특정하다

부여받은 상황에서 가장 중요한 등장인물인 플레이어를 특정합니다. 죄

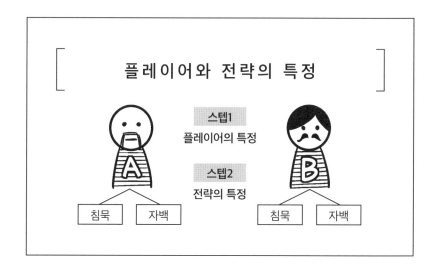

수의 딜레마 상황에서는 죄수 두 사람(A와 B)이 플레이어가 됩니다.

스텝2. 각 플레이어의 '전략'을 특정하다

플레이어를 특정했다면, 다음엔 각 플레이어가 취할 수 있는 선택지를 특정합니다. 이 선택지가 게임이론에서 말하는 '전략'입니다.

죄수의 딜레마에서 죄수 A와 죄수 B는 각자, **'침묵한다'** 혹은 **'자백한다'** 라는 두 가지 선택지를 가지게 됩니다. '언제, 어떻게 자백할 것인가?' 등을 세세하게 생각하면 상황이 복잡해지기에, 여기에서는 심플하게 자백할지 말지만을 생각하도록 합니다.

스텝3. 각 플레이어의 '이익'을 생각하다

죄수의 딜레마는 두 플레이어(A와 B)가 각자 두 가지 전략(침묵 혹은 자백)을 가지기 때문에, 일어날 수 있는 상황은 전부 **네 가지**(2×2=4)가 있습니다.

'함께 침묵한다' '함께 자백한다' 'A만 자백한다' 'B만 자백한다'와 같이 네 가지 케이스입니다.

스텝3은 이 케이스들이 각 플레이어에게 어느 정도 바람직한지를 생각합니다. 이익이란 플레이어에게 있어서 바람직한 정도를 의미합니다.

죄수들이 **'구류기간이 짧으면 짧을수록 바람직하다'**라고 생각한다면, **죄수 A에게 가장 바람직한 것은 구류기간이 가장 짧은 'A만 자백'하는 상황**이겠죠. 이어서 '함께 침묵'하거나, '함께 자백'하는 순으로 구류기간이 길어지고, 가장 구류기간이 긴 것은 'B만 자백'할 때입니다.

다음 그림은 **바람직한 정도**를 ◎, ○, △, ×의 기호로 나타냈습니다.

동일하게 죄수 B에게 있어서 바람직한 상황을 생각해봅시다. 두 사람이 다른 선택을 할 경우, A와 B의 구속기간이 달라진다는 사실에서 보면 B에게 있어서 가장 바람직한 것은 'B만 자백'할 때(◎)입니다. 다음이 '함께 침묵'할 때(○)이며, 그리고 '함께 자백'할 때(△)이고, 최악의 상황이 'A만 자백'할 때(×)입니다.

그림처럼 바람직한 정도를 기호로 표시할 수도 있지만, 일어날 수 있는 상황이 굉장히 많은 경우에는 기호로 대응할 수 없습니다. 그렇기 때문에 **게임이론에서는 바람직한 정도를 숫자**로 나타냅니다. 이 숫자가 **'이익'**입니다. 바람직한 순으로 3점, 2점, 1점, 0점으로 나타낼 수도 있고, 100점, 80점, 50점, 10점으로 나타내도 좋습니다. 상황의 우열을 숫자의 크기로 치환할 수 있기만 하면 됩니다(고도의 분석에서는 숫자를 붙이는 방식에 주의를 기울여야 하는 경우도 있습니다).

여기서는 3, 2, 1, 0을 도입해보겠습니다.

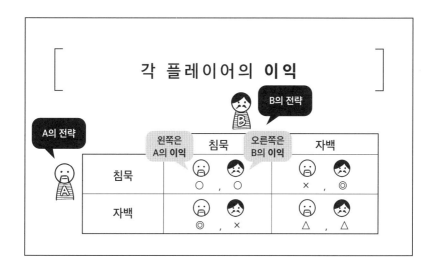

'이익표'로 게임의 구조를 가시화하다

기호를 숫자로 치환한 것이 다음 장의 표입니다.

이 표는 **이익표**라고 부르며, 게임 구조를 가시화하기 위해 자주 이용됩니다.

바로 앞의 표와 동일하게, 이익표의 네 칸은 각 플레이어의 선택에 의해 일어날 수 있는 네 가지 상황에 대응하고 있습니다. 표 상단은 죄수 A가 침묵하는 케이스, 하단은 죄수 A가 자백하는 케이스입니다. 이에 반해 표의 좌우 열은 죄수 B의 전략이 다릅니다. 왼쪽은 죄수 B가 침묵하는 케이스, 오른쪽은 자백하는 케이스입니다.

이익표의 특징은 각 칸에 두 가지씩 숫자가 쓰여 있는 것입니다. 칸 안에 있는 두 개의 숫자 중, **왼쪽 숫자는 죄수 A의 이익, 오른쪽 숫자는 죄수 B**

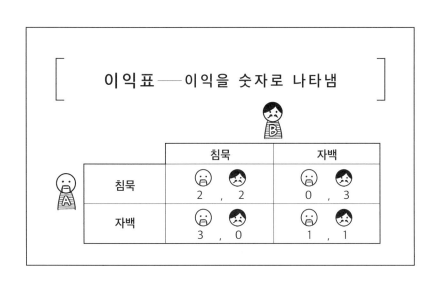

이익표 —— 이익을 숫자로 나타냄

		침묵	자백
	침묵	2 , 2	0 , 3
	자백	3 , 0	1 , 1

의 이익을 나타내고 있습니다. **좌상단**(함께 침묵)**과 우하단**(함께 자백)은 두 사람의 구류기간이 동일하기에, 각각 (2, 2), (1, 1)로 동일한 칸에 동일한 숫자가 쓰여 있습니다. 반면 **좌하단**(A만 자백)**과 우상단**(B만 자백) 칸에는 두 사람의 구류기간이 다르기 때문에, 각각 (3, 0), (0, 3)으로 동일한 칸에 다른 숫자가 쓰여 있습니다.

'죄수의 딜레마'의 중요한 정보(플레이어, 전략, 이익)는 모두 이 이익표에 **집약되어 있습니다.** 이와 같이 두 죄수가 직면한 상황에서 플레이어, 전략, 이익 정보만을 골라 두 사람의 상호의존관계 구조를 게임으로서 심플하게 파악하는 것, 이것이 바로 게임이론의 특징입니다.

02 내시균형을 찾아라

플레이어들은 어떻게 행동할까?

　이익표를 사용해 게임 구조를 나타낼 수 있게 됐다면 다음은 결과 분석으로 넘어가겠습니다.

　우리가 알고자 하는 것은 게임의 구조 그 자체보다도, **해당 게임으로 실제 무엇이 일어날 것인가**입니다. '죄수의 딜레마'라는 게임에서 알고자 하는 점은 죄수들은 침묵할 것인가 아니면 자수할 것인가이겠죠.

　플레이어들의 행동을 예측하는 다양한 방법이 있는데, 연구자들이 가장 주목하는 것이 '내시균형'입니다. 이는 **'상대의 전략에 대해서 최적의 대응을 하여 이루어진 균형 상태'**를 가리킵니다

　이익표가 만들어졌다면 내시균형을 찾는 것은 굉장히 간단하니, 다음 순서에 따라 '죄수의 딜레마'의 내시균형을 찾아보겠습니다.

스텝1. 고정된 상대의 전략에 대해, 각 플레이어의 '최적 전략'을 특정한다

먼저 각 플레이어에게 있어서 최적의 전략을 특정합니다. 최적 전략이란 플레이어에게 가장 이익이 큰 전략을 말합니다. 예를 들어, 가위바위보로 상대가 반드시 '바위'를 낼 것이라고 알고 있다면, 이기기 위해서는 반드시 '보'를 내야 할 것입니다. 여기서 '보'를 내는 것이 최적 전략입니다.

상대방이 어떻게 나올지 모르면, 어떤 전략을 취하는 것이 최적의 대응인지를 판별하는 것은 어렵습니다. 하지만 이렇게 상대의 전략이 고정되어 버리면, 간단하게 최적 전략을 알 수 있습니다.

동일하게 생각해서, 죄수 A의 최적 전략을 특정해보겠습니다.

우선 죄수 B가 반드시 '침묵'할 때입니다. 이처럼 **B의 전략을 고정하면, 일어날 수 있는 것은 이익표의 왼쪽 두 번째 칸뿐**입니다. 이때 죄수 A의 이익(왼쪽 숫자)은, 침묵하면 '2', 자백하면 '3'입니다. 가장 큰 이익을 확인했다면, 그 이익의 숫자에 원 표시를 합니다. 이 경우엔 '3'이 되겠습니다. 결국, **죄수 B의 '침묵'에 대한 죄수 A의 최적 전략은 '자백'**으로 특정되는 것입니다.

전략이 두 가지밖에 없어서 최적 전략이라기엔 다소 과장되어 보여도, 전략이 두 가지 이상인 경우에도 동일하게 생각하면 되겠습니다.

상대의 전략을 고정해두고, 가장 큰 이익을 생각하면 최적 전략을 특정해갈 수 있습니다.

한편 **죄수 B의 전략을 '자백'으로 고정**하면 어떻게 될까요.

일어날 수 있는 것은 이익표의 오른쪽 두 번째 칸뿐입니다. 죄수 A의 이익(오른쪽의 숫자)은 '0'이거나 '1'이기 때문에, 가장 큰 '1'에 원 표시를 합니다.

A의 최적 전략을 생각해보자

■ B가 침묵할 때, A의 최적 전략은?

	침묵	자백
침묵	2 , 2	0 , 3
자백	③ , 0	1 , 1

비교

A의
최적 전략

■ B가 자백할 때, A의 최적 전략은?

	침묵	자백
침묵	2 , 2	0 , 3
자백	3 , 0	① , 1

비교

A의
최적 전략

즉, **죄수 B의 '자백'에 대한 죄수 A의 최적 전략도 역시 '자백'**인 것입니다.

이것으로 죄수 A의 최적 전략의 특정은 끝났습니다.

동일한 방식으로 B의 최적 전략을 특정하겠습니다.

죄수 A의 전략을 '침묵'을 지킨다고 고정하면, 일어날 수 있는 것은 이익 표 상단의 두 개 칸뿐입니다. 죄수 B의 이익은 침묵을 지키면 '2', 자백을 하면 '3'이고, 가장 큰 '3'에 원 표시를 합니다.

반대로 **죄수 A의 전략을 '자백'한다고 고정하면**(하단의 두 개 칸에 주목), 죄수 B의 이익은 침묵을 지키면 '0', 자백을 하면 '1'이며, '1'에 원 표시를 합니다.

스텝2. 서로 최적 전략을 취하고 있는 상태를 찾다

죄수 A와 B의 최적 전략을 모두 찾아 원 표시를 했다면, 내시균형을 찾는 것은 간단합니다.

내시균형은 **'상대의 전략에 대해서 최적의 대응을 하여 이루어진 균형 상태'**이므로, 두 숫자가 함께 원 표시된 칸입니다.

죄수의 딜레마는, 오른쪽 아래 칸, 즉 죄수 A와 B가 '함께 자백'하는 상태만이 내시균형을 이룬다는 것을 알 수 있습니다.

내시균형은 왜 중요한가

연구자들이 내시균형을 중시하는 이유는 몇 가지가 있는데, 그중 하나가 안정성입니다. 내시균형 상태는 서로 최적의 행동을 취하고 있기 때문에, 서로 행동을 바꾸려는 동기가 발생하지 않습니다. **일단 내시균형 상태를 이루게 되면, 안착하려는 경향이 있습니다.**

B의 최적 전략을 생각해보자

■ A가 침묵할 때 B의 최적 전략은?

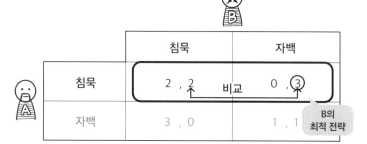

	침묵	자백
침묵	2 , 2	0 , ③
자백	3 , 0	1 , 1

비교

B의 최적 전략

■ A가 자백할 때 B의 최적 전략은?

	침묵	자백
침묵	2 , 2	0 , 3
자백	3 , 0	1 , ①

비교

B의 최적 전략

한편 내시균형이 아닌 상태는 상대의 전략에 대해서 최적이 아닌 선택을 한 플레이어가 반드시 존재합니다. 그 플레이어는 결국 전략을 바꿀 것이니, 안정된 상태라고 말할 수 없습니다.

플레이어들이 행동을 바꾸고 싶어 하지 않는 안정된 상태는 내시균형 말고는 없으며, **게임에서 선택할 수 있는 결과의 가장 유력한 후보**라고 생각할 수 있습니다. '죄수의 딜레마'에 따라, **두 죄수는 '함께 자백'할** 것이라고, 많은 연구자가 예상하게 마련입니다.

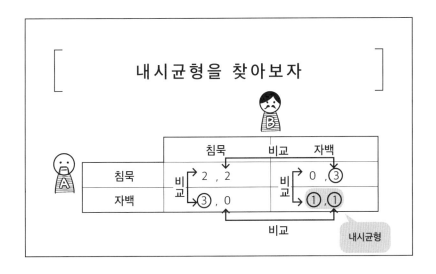

가위바위보의 이익표(예시)

		B		
		바위	가위	보
A	**바위**	A , B 0 , 0	A , B 1 , -1	A , B -1 , 1
	가위	A , B -1 , 1	A , B 0 , 0	A , B 1 , -1
	보	A , B 1 , -1	A , B -1 , 1	A , B 0 , 0

※여기에서는 승이 1점, 패가 -1점, 무승부를 0점으로 했으나, 다른 숫자라도 차이가
동일하다면 문제없다.

연습문제 가위바위보의 이익표를 그려보자

A와 B가 가위바위보를 하는 상황을 이익표로 그린 다음, 내시균형을 찾
아보세요. 해답은 74쪽에 있습니다.

03 죄수의 딜레마에서 볼 수 있는 게임의 본질

죄수의 딜레마는 왜 중요한 것인가

다양하게 존재하는 게임에서 '죄수의 딜레마'는 가장 유명하고, 또 중요한 게임으로 여겨지고 있습니다. 그 이유는 무엇일까요?

그것은 '죄수의 딜레마'는 우리 주변에서 일어나는 문제의 가장 전형적인 **구조이기 때문입니다.**

만약 두 죄수가 자신의 이익만을 생각했다면 '자백'을 하는 것이 이익입니다. 자백하게 되면 자신이 구속되는 기간이 짧아지기 때문입니다.

한편 자백하면 파트너의 구속기간은 길어집니다. 이처럼 '**죄수의 딜레마**'는 타인을 희생시켜 자신이 이익을 보는 구조입니다.

죄수들이 만약 **자신의 이익만을 생각해서 행동하면, 결과적으로 '함께 자백**'하는 것(내시균형)을 선택하게 될 것입니다. 하지만 함께 자백하면 각각 1년간 구속되지만, 함께 침묵하면 1개월로 끝납니다. 그러니까 '**함께 자백**'

은 두 죄수에게 가장 **바람직하지 않은 결과**입니다.

개인의 이익과 전체(타인)의 이익이 대립하고 있기 때문에, 각 플레이어가 자신의 이익만을 추구하면, 전체적으로는 바람직하지 않은 상태에 빠지게 됩니다. 이것이 죄수의 딜레마 게임의 본질적인 구조입니다.

동일한 구조에서 일어나는 문제는 우리 주변에 많이 있습니다. 다음 세 가지 예시가 그렇습니다.

가격인하경쟁

'가격인하경쟁'은 죄수의 딜레마와 동일한 구조를 가지며, 전형적인 케이스입니다.

오쇼호텔이 한 것처럼 가격을 낮추면 경쟁 업체의 고객을 빼앗아올 수 있으므로, 자신의 이익은 늘어나지만 경쟁 업체는 손해를 보게 됩니다. 그러면 경쟁 업체 역시 한층 더 할인하는 전략을 취할 것입니다. 그럼 이번엔 내가 손해를 보게 됩니다. 이것이 가격인하경쟁의 구조입니다. 가격인하경쟁의 **이익표**는 다음과 같습니다. **내시균형은 '함께 가격을 인하'할 때입니다.**

하지만 이렇게 **가격인하경쟁을 지속하게 되면 서로 손해를 봅니다.** 충분한 이익을 얻지 못하면 제품 및 서비스의 질이 떨어질 것이며, 브랜드 이미지 손상으로 이어집니다. 나아가서는 '**동반 도산**'이라는 **최악의 사태에 빠질 가능성도 있습니다.**

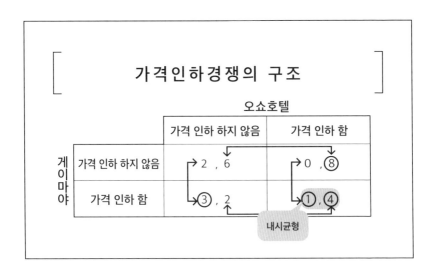

한정된 자원 쟁탈전

자원문제도 죄수의 딜레마와 구조가 동일합니다.

참치나 뱀장어를 잡는 사람을 플레이어로 해서, 전략을 어획량이 '적다' 혹은 '많다'로 설정합니다. 자신의 이익만을 생각하면 어획량이 많은 쪽을 선택하는 것이 이익이지만, 많은 플레이어가 어획량을 늘리면, 자원이 고갈되어 미래에는 더 이상 해당 어종을 잡지 못할 수도 있습니다. 자기 발등을 찍는 딜레마에 빠지게 됩니다.

지구온난화 문제

규모가 굉장히 큰 지구온난화 문제도 죄수의 딜레마와 같은 구조로 일어나는 문제입니다.

자신의 이익만을 생각하면, 화석연료(석유, 석탄, 천연가스)를 대량으로 사용하는 생활은 편리하고 쾌적합니다. 하지만 그러한 생활이 계속되어, 온실가스 배출량이 늘어나면 지구의 온도가 올라가고, 머지않아 세상 사람들은 심각한 피해를 입게 됩니다. 유감이지만 현시점에서는 지구온난화 문제의 딜레마를 빠져나갈 방법이 보이지 않습니다.

친숙한 '딜레마'를 찾아보자

여기서 소개한 세 가지 문제는 '죄수의 딜레마'와는 플레이어의 수나 전략의 수가 다릅니다. 하지만 **개인의 이익과 전체의 이익이 대립하면, 문제가 발생한다**(전체에게는 바람직하지 않은 상태에 빠진다)**는 공통점**이 있습니다.

이러한 딜레마는 소개한 것 이외에도 우리 사회에 넘치도록 많이 있습니다. 그것이 '죄수의 딜레마'가 게임이론 중에서 가장 유명하고, 또 가장 중요한 게임으로 불리는 이유입니다.

Work 1 주변에 죄수의 딜레마와 동일한 구조를 가진 문제를 찾아봅시다.

04 죄수의 딜레마 대처법

'죄수의 딜레마'에 유효한 대처법은 있을까?

　'죄수의 딜레마'는 사회 곳곳에 존재하는 문제이며, 각자 다양한 방법으로 대응해왔으리라 생각합니다. 자주 사용되는 대처법 중에는 효과적인 방법도 있으며, 그다지 유효하지 않은 것도 있습니다.

　그럼 '죄수의 딜레마'의 대처법을 알아보도록 하겠습니다.

선의에 호소하기만 해서는 안 된다

　우선 '죄수의 딜레마'의 대처법으로서 자주 언급되는 것이 이기적으로 행동하지 않도록 선의에 호소하는 것입니다.

　'협력 부탁합니다' '전기를 아껴 씁시다' 이렇게 호소해서 문제가 해결되는 경우도 있지만, 현실에서는 이기적인 행동이 개선되지 않고, '정직하게 살면 바보가 되는 상황'이 벌어지는 일도 적지 않습니다.

선의에 호소해서 이기적인 행동이 개선되는 케이스에는 몇 가지 조건이 있습니다.

서로의 행동을 지켜볼 수 있는 장기적인 상호의존관계를 만들어낸다

그 조건에는 두 가지가 있습니다.

① '죄수의 딜레마'와 같은 상황이 똑같은 사람들 사이에서 반복된다
② 서로의 행동을 잘 관찰할 수 있다

이 조건들을 충족하는 케이스에서는 선의에 호소하는 것만으로 이기적인 행동이 억지되고 협력관계가 유지될 것입니다.

①의 '죄수의 딜레마'와 같은 상황에 있다는 것은 **서로 협력하면 커다란 이익을 얻을 수 있음**을 의미합니다. 협력하면 서로 이익을 보는 상황에서, **협력관계를 끊는 것이 이기적으로 행동한 사람에 대한 페널티**가 될 것이기에 일시적인 이익을 위한 배신행위를 방지할 수도 있습니다.

지역사회나 직장 안에서는 후술하는 구조가 없어도 협력관계가 유지되기도 하지만, 이 역시 두 가지 조건을 충족하고 있기 때문입니다.

하지만 만약 이기적인 행동을 한 사람이 스스로 관계를 끊고 달아날 경우(예를 들어, 제멋대로 행동한 사람이 바로 직장을 그만두는 케이스)나, 상대의 행동을 관찰하지 못해 배신행위를 막지 못한 경우(예를 들어, 야근하는 직원이 무슨 일을 하는지 감시할 수 없는 케이스)는 역시 선의에 호소하기만 해서는 생각대로 되기 어려울 것입니다.

또, 일단 협력관계가 틀어져버리면 회복하기 힘들고, 딜레마 상태에서 빠

져나올 수 없게 됩니다.

그렇다면 룰을 바꿔서 '죄수의 딜레마'의 구조를 근본부터 바꾸는 대책을 세워야 합니다.

'룰'을 바꾸자

'딜레마'에 빠지는 이유는 개인의 이익과 전체의 이익이 대립하기 때문입니다. 문제를 근본적으로 해결하기 위해서는 이 구조를 바꿔야 합니다.

구조를 바꾸는 방법 중 하나로서 **전체의 이익을 해치는 이기적인 행동에 대해서 페널티를 부과하는 것**을 들 수 있습니다.

예를 들어, 멸종위기 어종의 남획 방지를 위한 대처법으로서 각 업자에게 어획량을 할당하고, 위반하면 벌금을 부과하는 구조 등을 생각해볼 수 있습니다. 지구온난화 문제 대처법으로서 환경세(혹은 탄소세)도 동일한 효

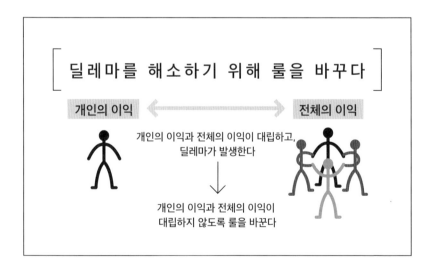

딜레마를 해소하기 위해 룰을 바꾸다

개인의 이익 ⟷ 전체의 이익

개인의 이익과 전체의 이익이 대립하고,
딜레마가 발생한다

↓

개인의 이익과 전체의 이익이
대립하지 않도록 룰을 바꾼다

과가 있을 것입니다. 한 사람 한 사람 온실가스 배출의 영향은 미미하겠지만, 온난화를 통해 사회 전체의 이익을 해치고 있습니다. 그 사회적 비용을 소비자에게 부담시키는 것이 환경세나 탄소세의 목적이며, 이것들을 도입해서 **개인의 이익과 전체의 이익을 일치시킬 수 있습니다.**

이야기에서는 온천여관 숙박 서비스의 질이 떨어지지 않도록 자율적으로 룰을 정하고, 어길 경우에는 페널티를 부과하는 대책을 세웠습니다. 이것도 개인의 이익과 전체의 이익을 일치시켜, 게임 구조를 바꿀 수 있는 유효한 대처법이라고 할 수 있겠죠.

Work 2

Work1에서 찾아낸 문제에 대해서, 어떻게 대처하면 해결할 수 있을지 생각해 봅시다.

64쪽 연습문제의 해답

내시균형을 찾기 위해서 원을 그립니다.
각각 최적 전략에 원 표시를 하면, 아래의 표와 같습니다.
결론적으로 '가위바위보'에는 내시균형은 없습니다.
즉, 가위바위보가 어떠한 결과가 될지(어느 쪽이 무엇을 내기
쉬우며, 어느 쪽이 이길 것인지)는 예상할 수 없습니다.

Part 2

코디네이션 게임

-사회가 움직이는 구조

Story 2

바뀌고 싶어도
바뀔 수 없는 이유

어…

Thank you,
Have a nice trip!

게이마야

딸깍

하-
긴장돼.

요즘 외국에서
한 번씩 문의가 오네.

긴지로 사장,
좀 도와줘!

영어로
문의 메일이 왔는데
번역 좀
해줄 수 있을까?

네?
아저씨네도
왔어요?

혹시 그것
때문인가….

그거라니?

외국
사진 공유 사이트에
후나리 마을
사진이 인기가
있다더라고요.

'코디네이션'이란 협조, 조정이라는 의미이고…

타협해야 할 협조행동은 하나가 아니고,

게다가 많은 사람에게 바람직하지 않은 협조행동으로 귀결되는 일이 있지.

모두가 협조해서 같은 행동을 취하면, 모두가 이익을 보는 상황을 말해.

하지만 바람직하지 않은 상태로 귀결되었다는 것을 깨닫는다면

모두 일제히 행동을 취해서 나쁜 상태를 벗어날 수 있지.

정말이에요?!!

나쁜 상태

Action!!

…그런데 누구?

아 우리 집에 잠깐 계시는 분이세요.

돈도 다 내고 있는데, 실례잖아!

그래서 코디네이션 게임이 뭐예요?

이럴 때는 '모두가 보조를 맞추는 것'이 가장 중요해.

사무실에 멋대로 들어와서는.

영어 대응이 일부만 진행돼서는 외국인 관광객을 불러들이기 어려워.

지금 문의가 들어오는 것도 일시적인 현상에 불과하지.

일본어

어땠어?

횡설수설

하지만 마을 전체가 영어 대응이 잘되어 있다면 외국인 관광객 만족도가 오를 것이고, 한층 더 좋은 평판을 기대할 수 있지.

하아… 현재는 '바람직하지 않은 상태'이기 때문에 일제히 행동을 해야만 한다는 건가요?

하지만 마을 전체가 영어로 대응하는 것 어려워요.

어땠어?

이러한 역사가 있더라…

English

바로 그거야.

확실히 힘들지만

새로운 비즈니스를 시작하거나, 새로운 시스템을 도입할 때는 크건 작건 코디네이션 게임 상태가 된다고.

모두 함께

예를 들어, 전기자동차나 연료전지차가 있어.

종래의 차에 비하면 친환경적이라는 사실을 누구나 알고 있겠지?

하지만 보급이 더딘 것은 '일부 사람밖에 사용하지 않기 때문'이야. 전용 충전소가 마을에 충분하지 않으니 불편하지 않겠어?

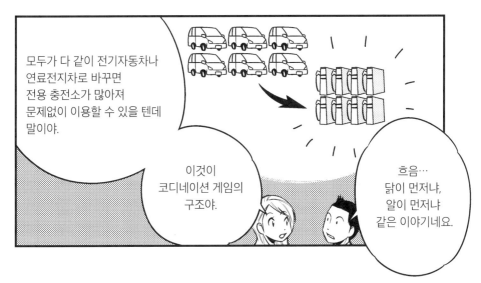

모두가 다 같이 전기자동차나 연료전지차로 바꾸면 전용 충전소가 많아져 문제없이 이용할 수 있을 텐데 말이야.

이것이 코디네이션 게임의 구조야.

흐음… 닭이 먼저냐, 알이 먼저냐 같은 이야기네요.

그래서 일제히 변경하는 정책을 시행해야 하지.

투자한다고 생각하고, 충전소를 많이 만들어 편이성을 높이거나.

전기자동차나 연료전지차로 바꾸도록 강력하게 촉구하거나요?

맞아.

보조금

etc.

그럼 지금은 후나리 마을 전체가 외국인 대상 관광 비즈니스를 단행할 것인가 결정할 시점이군요.

Welcome!!!! or not

최대한 효과를 내어, 계속 사업을 이어가고 싶다면 그래야 한다고 생각해.

으음….

하지만 계속 할 수 있을지 미지수라….

숙박 서비스를 다시 재정비하기에는 좀 늦지 않았나….

사람은 관습에 지배되지.

코디네이션 게임의 성질을 이야기해줄까?

성질요?

'안정적이면 바꾸기 힘든' 성질이지.

하지만 억지로라도 바꾸지 않으면 시대에 뒤쳐질지도 몰라.

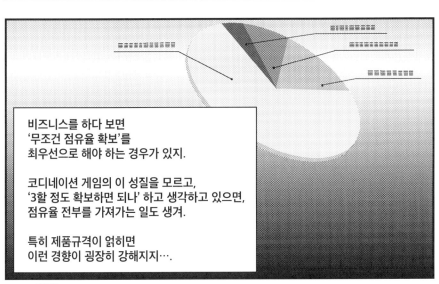

비즈니스를 하다 보면 '무조건 점유율 확보'를 최우선으로 해야 하는 경우가 있지.

코디네이션 게임의 이 성질을 모르고, '3할 정도 확보하면 되나' 하고 생각하고 있으면, 점유율 전부를 가져가는 일도 생겨.

특히 제품규격이 얽히면 이런 경향이 굉장히 강해지지….

예를 들어, PC 워드 프로세스 소프트웨어를 들 수 있어. 몇몇 워드 프로세스 소프트웨어가 경쟁했지만,

지금은 Word만 남고, 이치타로 같은 국산 소프트웨어는 거의 쓰이고 있지 않아.

이렇게 된 이유가 뭘 것 같아?

그거야 간단하죠.

다른 사람과 파일 주고받는 것조차 어려우면 곤란하니까, 모두 많이 쓰는 쪽으로 몰리는 거죠….

둘 다 쓰는 사람은 많지 않으니 당연히 그렇게 되겠죠.

그렇지? '모두가 쓰고 있으니까' 그러는 거지, 별다른 의미는 없어.

지분 확보가 늦어지면 그렇게 되는 케이스도 있어.

우리 회사 상품이 분명 품질이 더 좋은데… 하고 아무리 고민해도, 이미 때는 늦었지.

관광지는 그렇게까지 극단적이지 않잖아요.

뭐 그래.

하지만 비슷하게 흘러갈 가능성은 있지.

외국인에게 인기 있는 관광지가 내국인이 보기에 의외인 곳일 때가 있지.

우연한 계기로 대박을 쳐서 외국인 관광객이 끊이지 않아.

하지만 아무래도 '다른 재미있는 곳을 찾아보자' 하고 생각하기 쉽지 않아. 일종의 코디네이션일지도 모르지.

새로운 표준에 익숙해졌는데

다른 관광지에서 외국어 대응을 준비한다고

나중에 호소한다고 한들 늦었지.

으… 그렇게 되면 확실히 되돌리기 힘들 것 같네요….

Welcome!!!

뭐… 지분을 운운하는 건 차치하고 외국인 관광객은 먼 곳에서 오는 거니까

정성을 다해 대접하고 싶은 마음이 들지.

일부러 와주는 거니까.

바꿀 수 있는 습관인가, 그렇지 않은 것인가 판단하는 것은 중요하지만

대체로 일이 커지기도 하고

스오오오름…

얼마나 많은 사람들이 협조해야 하는지가 판단의 근거가 돼.

긴지로 사장! 나는 할 거야!

이렇게 내국인 상대로 장사하다간 작은 파이 나눠 먹기밖에 안 될 거야.

이왕 하는 거 큰 파이가 좋지!

할 수 있느냐 없느냐가 아니야!! 해야 한다고!!

오쇼호텔 사장님.

역시 남다른 열정을 보이시네요….

…하지만 오쇼호텔 사장이 말한 대로

한번 도전해 봅시다.

그래요.

자, 그럼!

그렇게 정해졌다면, 전 무료로 영어를 가르쳐드릴게요!

그 대신 숙소에 빈 방이 있다면 저렴하게 묵게 해주세요 ♥

헛!?

오오! 그거 든든하네요!

빨리 찾아봐야겠네!

계속 마을에 머물 생각이에요…?

문제 있어?

코디네이션
이라니.
좋은 걸
들었네 오늘.

아니
그건 안 해도 될 거야.
어차피 우리나라를
체험하고 싶어서
오는 거니까.

이거 외국인
입맛에 맞게
식사나 인테리어도
바꿔야 하나.

후나리 마을만의
분위기가 나도록 하면
더 좋을 것 같아요.

탄광촌이니까
흑백을 주로 해서
외벽을 칠해볼까.

그거 좋겠네!
관광협회에 이야기해서
마을 전체로
코디네이션합시다.

….

코디
네이션

코디
네이션

…또
난리가 났네….

잘됐잖아.

쇠퇴해가기만
할 뿐이라고
생각했는데,
의외로
할 수 있는 일이
있을 것 같아.

코디네이션을 의도적으로 만들어낼 수도 있나요?

패션업계 에서는 실제로 하고 있어.

세계적인 기관이 유행 컬러를 미리 정해두지.

그러면 소비자는 '작년과 동일한 컬러의 옷을 입는 것'을 꺼리게 돼.

게임 구조를 아주 잘 이용하고 있는 예이지.

유행 컬러에 필연성이 없는 것처럼 문화나 습관에도 필연성이 없는 경우가 많아.

집단 속에서는 서로 협조하는 것이 여러 가지로 편하기 때문에 바로 문화나 습관이 형성되지만, 그것은 우연의 산물이거나 최적과는 거리가 먼 악습일 때도 있지.

【코디네이션 결과로서의 습관】

· 모두가 동일한 행동양식에 보조를 맞추는 편이 좋다
→ 결과적으로 동일한 행동양식이 습관으로 정착한다

· 하지만 그 습관이 최적이라는 보장은 없다
(최적의 습관이 시대에 뒤처지는 사례도 있다)

일단 나쁜 습관에 안주하면 아무리 고군분투해도 간단하게 바꿀 수 없어.

일부에게 접근한다 해도 게임 구조가 허락하지 않아.

이렇게 하는 게 좋다니까요…

그러니 문제를 개선하기 위해서는 습관을 의심해야 해.

조직 속에 푹 빠져 있으면 좋지 않은 습관이라도 좀처럼 깨닫기 어렵지.

다른 조직이나 외국의 사례를 보고 '우리의 상식이 타인의 비상식'인 걸 알 필요가 있어.

그 대신 코디네이션에 성공하기만 하면, 나중에는 그냥 내버려둬도 상관없어.

죄수의 딜레마와 다르게 룰을 바꿀 필요 없이 습관으로서 뿌리내릴 테니.

흐음….

…뭐 잘될지
안 될지
모르니까

너무
기대하지는 말자.

그날 밤.

엄마,
뭐 하고 있어요?

응?
파트타이머
스케줄
조정하고 있어.

그거, 휴대전화
애플리케이션으로
각자 직접 입력하기로
했잖아요.

아직
사용법을
모르는 사람도
있잖아.

야마우치 씨
10킬 ×
12~16킬 ○

네?
사용법이야
해보면 알 텐데.

애써 무료
애플리케이션
찾았는데.

모든 사람이
안 쓰면
의미가 없어요….

…응?
이것도 코디네이션
게임인가.

코…
그게
뭔데?

그러니까 모두가 일제히 바뀌지 않으면 안 되니

우선 모두에게 사용법을 알려주는 시간을 가져야겠다.

아아 그러네! 그게 좋겠다.

알겠어요. 내가 할게요.

삐걱

코디네이션 게임이란 말이지.

그럼 해보자고!

가코의 영어 회화 교실

그날 밤

코티 네이션

긴지로는 마을이 가코에게 점령당하는 악몽에 시달렸다.

01 코디네이션 게임이란

'코디네이션 게임'과 '죄수의 딜레마'의 차이

'코디네이션 게임'도 일상에서 흔히 볼 수 있는 전형적인 구도입니다.

모두가 함께 보조를 맞춰야 하는 상황이 가끔 있습니다. 그러지 않으면 좋지 못한 상황이 발생하기도 하죠.

한편 어떻게 보조를 맞추느냐에 대해서는 몇 가지 선택지가 있습니다.

이러한 상황을 게임으로서 인식한 것이 코디네이션 게임입니다. '죄수의 딜레마'와의 차이를 명확하게 하기 위해서 두 가지 사례를 생각해보겠습니다.

코디네이션 게임의 예1. 우측통행인가, 좌측통행인가

맞은편에서 오는 사람과 부딪히지 않게 피해가려다 오히려 상대방과 동시에 방향을 바꾸는 바람에 부딪힌 경험 있지 않나요?

두 사람(A와 B라고 하겠습니다)이 스쳐지나갈 때, A가 왼쪽으로 비키고 B도

왼쪽으로 비키면 무사히 지나쳐갈 수 있습니다. 함께 오른쪽으로 비켜 지나가도 마찬가지입니다. 한편, A는 오른쪽으로 B가 왼쪽으로 비켰다면 두 사람은 부딪혔을 것입니다.

이 상황을 이익표로 표현하면 다음 장에 나오는 표와 같습니다. **두 사람의 플레이어가 있고, 각각 '왼쪽'과 '오른쪽'이라는 선택지가 있기에 '네 칸(2×2)'의 표가 됩니다.**

상대의 전략을 고정해서, 최적 전략을 특정하면 **(왼쪽, 왼쪽)**과 **(오른쪽, 오른쪽)**, 두 가지가 **'내시균형'**임을 알 수 있습니다.

결국 둘 다 왼쪽으로 피하거나 오른쪽으로 피하는 것을 선택할 거라고 생각하겠지만, **실제로 어느 쪽이 선택될지 이익표만으로는 알 수 없습니다.**

여기서는 두 사람의 케이스를 예로 들었지만, 플레이어 수가 늘어도 보조를 맞추는 게 나은 것은 변함없습니다. 플레이어의 수가 늘어나면 늘어날수록 '우측통행' 혹은 '좌측통행'으로 합의해두지 않으면 충돌하는 일이 빈번하게 일어나겠죠.

사람과 사람이 부딪히는 정도는 큰 사고야 나지 않겠지만, 자동차끼리라면 인명 사고로 이어질 가능성이 있겠죠. 그렇기 때문에 많은 국가에서는 자동차 운전 시 교통 규칙을 정해 지키고 있습니다.

또, 자동차는 일본에서는 '좌측통행'이고, 미국에서는 '우측통행'입니다. 어느 쪽이나 내시균형을 이루고 있기 때문에, 이러한 차이가 있는 것은 이상하지 않습니다.

게다가 많은 사람이 보조를 맞추는 데 언제나 규칙이 필요한가 하면, 꼭 그렇지도 않습니다.

예를 들면, 에스컬레이터를 걸어 올라가는 사람들을 위해서(안전상 에스컬

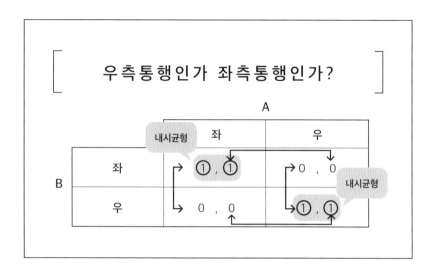

레이터에서는 걷지 않도록 주의가 요구되지만), 걷지 않는 사람은 오른쪽에 비켜서 있는 광경을 자주 볼 수 있습니다.

실제로는 그렇게 하라고 정해진 룰은 없습니다. 결국 법으로 명문화되어 있는 건 아니지만, 동일한 행동을 하면 여러 가지로 이익이 되기 때문에 오른쪽으로 비켜서도록 통일된 행동을 하는 것입니다.

또, 일본에서는 왼쪽으로 비켜서는 것이 당연시되고 있으며, 뉴욕, 런던, 파리, 모스크바 등 세계 주요 도시에서는 오른쪽에 서는 것이 습관화되어 있습니다. **어떤 내시균형을 선택하든 이상하지 않습니다.**

코디네이션 게임의 예2. 소프트웨어 선택

다음과 같은 케이스를 생각해보세요.

데이터를 빈번하게 주고받는 두 사람의 크리에이터(A와 B)가 있습니다.

두 종류의 소프트웨어(C와 D)가 있고, 어느 한쪽을 선택해 작업한다고 가정하겠습니다.

소프트웨어는 D보다 C가 가격 대비 성능이 좋으며, C와 D는 호환이 되지 않아 A와 B가 서로 다른 소프트웨어를 사용하면 함께 작업하는 것이 힘들어집니다.

그럼 A와 B는 어느 소프트웨어를 써야 할까요?

이 상황을 이익표로 나타내면 아래 표와 같습니다.

A와 B라는 두 플레이어가 있고, 각자 소프트웨어 C와 D라는 선택지가 있기 때문에, 네 칸(2×2)짜리 표가 만들어집니다.

앞서 봤던 사례1과 표가 비슷하지만, 이 케이스는 통일된 행동을 했을 때 얻는 이익에 차이가 있습니다. 소프트웨어 C는 D보다도 가격 대비 성능이 뛰어나기에 **C를 선택했을 때 얻는 이익이 큽니다.**

어 느 소 프 트 웨 어 를 선 택 할 것 인 가 ?

A	B	소프트웨어 C	소프트웨어 D
	소프트웨어 C	②, ② 내시균형	0, 0
	소프트웨어 D	0, 0	①, ① 내시균형

95

사례1과 동일하게 (C, C)와 (D, D)가 내시균형을 이루고 있음을 알 수 있습니다.

내시균형만을 기준으로 하면 이 경우도 역시 어느 쪽을 선택할지 알 수 없습니다.

'이 상황에서 두 사람이 (D, D)를 선택할 리가 없어' 하고 생각할지 모르지만, 꼭 그럴 거라고 단언할 수 없습니다. 어느 한쪽이 먼저 무심코 D를 구입했다거나, 두 사람 모두 C가 발매되기 전부터 D를 사용하고 있었다는 등의 이유로, 합리적으로 생각하면 서로 C를 사용하는 편이 큰 메리트를 얻을 수 있음에도 계속 D를 사용하는 상황은 일어날 수 있습니다.

이러한 케이스는 (당사자들이 알아채지 못하는 경우가 많지만) 보통 비즈니스를 하면서 자주 일어납니다.

객관적으로는 명확하게 합리적이지 않은 선택임에도, 그것이 내시균형이라는 안정된 상태라면 좀처럼 빠져나오기가 쉽지 않습니다.

나쁜 습관도 한번 버릇을 들이면 버리기 어려워진다.

02 코디네이션 게임에서 일어나는 두 가지 문제

전형적인 문제1. 협조가 잘되지 않음

코디네이션 게임에서 일어날 수 있는 최악의 사태는 **서로 협력이 잘되지 않아 여러 문제가 발생**할 때입니다.

다음과 같은 케이스가 확실한 예시가 되겠습니다.

도로교통법상 자전거는 자동차와 동일하게 우측통행하도록 정해져 있지만, 실제로 법을 지키지 않는 경우도 많습니다. 이러면 우측통행을 하는 자전거와 좌측통행을 하는 자전거의 충돌사고가 일어날 수 있습니다.

또, 자동차는 국내에선 우측통행이지만, 해외에선 좌측통행인 국가도 있습니다. 이 차이가 익숙하지 않은 여행자가 사고를 일으키기 쉽습니다. 자동차를 제조하는 기업도, 수출하는 나라에 따라 핸들 위치를 바꿔야 하는 등의 문제를 겪고 있습니다.

그밖에도 불편함을 초래하는 사례는 많습니다.

국가별로 전기 콘센트 모양이나 전압이 다른 것도 여행자에게 고민거리입니다. 또한 통화의 차이나 언어의 차이도 가능하다면 없는 편이 편리하겠죠. 여러 가지 사정을 차치하고 생각한다면, 모든 나라가 공통 통화와 공통 언어를 사용하는 것이 편하리라는 것은 명확한 사실입니다.

문제1의 대처법. 어떻게 하면 협조를 얻을 수 있을까?

그럼 어떻게 하면 이러한 문제를 해소할 수 있을까요?

그중 하나가 **협조하도록 촉구**하는 것입니다.

예를 들어, 역 계단 등에 '올라가는 길' '내려가는 길' 표식을 해두는 것만으로, 거기에 따라 협조하는 사람들이 늘어나겠죠.

죄수의 딜레마와 다르게 **코디네이션 게임은 벌칙 등의 룰 없이, 호소하거나 촉구하는 것만으로 해결되기도 합니다.**

한편, 강력하게 협조를 요청해야 하는 경우도 있습니다.

제품 국제 규격 등이 그 전형입니다. 콘센트 모양이 나라별로 다르듯이, 자동차나 가전제품 규격은 내버려두면 나라마다 제각각이 될 것입니다. 이것은 소비자에게 있어서도, 해외에 수출하는 기업의 입장에서도 바람직하지 않습니다(규격에 맞춰 다른 제조라인을 만들어야 합니다).

그래서 국제적으로 제품 규격을 통일하려는 움직임이 있습니다. 최근에는 전기자동차의 충전 콘센트 국제 규격 만들기가 진행 중입니다. 앞서 소개한 패션업계의 유행색도 비슷한 사례입니다.

전형적인 문제2. 협조했으나 바람직하지 않은 방향으로 진행됨

코디네이션 게임에서 일어나는 두 번째 문제는 **바람직하지 않은 내시균**

형에 빠지는 일입니다. 앞서 소개한 소프트웨어 선택에서 두 사람이 질 나쁜 소프트웨어를 사용하는 상태에 빠지는 케이스가 바로 이것입니다.

플레이어가 두 사람이라면 동시에 좀 더 좋은 소프트웨어로 바꾸는 일은 그렇게 어렵지 않지만, 플레이어의 수가 많아지면 바람직하지 않은 내시균형에서 빠져나가는 것은 간단하지 않습니다.

유명한 사례에는 PC 키보드가 있습니다.

PC 키보드는 왼쪽 상단부터 QWERTY…… 순으로 나열되어 있는데, 입력하기 힘들다고 느낀 사람이 적지 않을 것입니다.

어떤 검증에 따르면 초심자에게 이것보다도 입력하기 쉬운 배열이 있다고 합니다. 하지만 새로운 배열의 키보드를 보급하려는 시도는 오늘날 모두 실패했습니다.

우리가 평소 아무렇지 않게 하는 '습관'은 다 같이 보조를 맞춰 행동하는 편이 좋기 때문에 자연스럽게 형성된 것입니다. 하지만 **반드시 좋은 습관이라고는 할 수 없으며, 예전에는 좋은 습관이었던 것이 시대의 변화와 함께 좋지 않은 습관이 되는 경우도 있습니다. 또, 좀 더 좋은 습관이 있다는 걸 알고 있지만, 좀처럼 이전 습관에서 벗어나지 못하는 일도 있습니다.**

후나리 마을의 영어 대응 문제도 마찬가지입니다. 모두 합심해서 일을 진행하면 상태는 좋아질 텐데, 일부만 참여해서 그러지 못하는 케이스는 회사 업무나 일상생활을 하면서 얼마든지 만날 수 있습니다.

문제2의 대처법. 보다 좋은 상태로 바꾸려면?

보다 좋은 상태가 있음에도 바람직하지 않은 상태에서 벗어나지 못한다는 점에서 이 문제는 '죄수의 딜레마'와 닮아 있습니다. 하지만 '죄수의 딜레마'와 결정적 차이는 '좀 더 좋은 상태'가 내시균형을 이루고 있어서, **일단 여기에 자리 잡으면 게임의 구조를 바꾸지 않아도 좀 더 나은 상태를 유지할 수 있는 것입니다.**

바람직하지 않은 상태에서 좀 더 좋은 상태로 옮겨가기 위해서 필요한 것은 딱 하나입니다. 그것은 바로 **모두가 일제히 행동을 바꾸는 것입니다.**

예를 들어, 조직의 좋지 못한 습관을 바꿀 때나 사내 시스템을 새롭게 바꿀 때, 이런 상황에선 조금씩 변해봤자 좋은 결과를 얻지 못합니다. 모두가 협조하지 않으면 '문제1'처럼 문제가 발생해, 결과적으로 원래 바람직하지 못한 상태로 돌아가기 십상입니다.

바람직하지 않은 상태라고 해도 내시균형을 이루기 때문에, 그 상태에서 변화가 있으려면 일정한 에너지가 필요합니다.

많은 사람의 행동을 일제히 바꾸기 위해서는 일시적으로 당근과 채찍을 능숙하게 사용해 행동을 바꾸도록 하는 것도 효과적입니다. 예를 들어, 쿨비즈나 웜비즈를 도입할 때에 최초 1개월은 새로운 방침에 따른 복장으로 출근하는 횟수에 따라 경품을 지급하면, 많은 사람들이 따르려고 할 것입니다. 그리고 새 방침에 어느 정도 익숙해지게 되면 결국 당근은 필요 없게 됩니다.

'바꿀 수 있는 것'과 '바꿀 수 없는 것'을 구별하다

PC 키보드 배열처럼 좀 더 좋은 선택지가 있어도, 바꾸기 어려운 사례는 많이 있습니다.

일반적으로 **관련된 사람의 수가 많은 문제나 키보드의 사례처럼 익숙해지려면 시간이 걸리는 행동은, 그것을 바꾸려면 굉장히 큰 에너지가 필요**함니다. 실제로 PC 키보드 배열이나 전기 콘센트 모양 등 일단 보급된 제품 규격을 바꾸는 것은 굉장히 어렵습니다.

그러한 의미에서 '코디네이션 게임'의 문제2는 **모두 해결할 수 있는 것은 아닙니다.**

즉, 어떻게든 해결할 수 있는 문제인지 아닌지를 판단하는 것이 중요합니다.

바꿀 수 없는 습관을 바꾸려고 하면, 그 노력에 대한 보상을 받기란 어렵습니다. 바꿀 수 없다면 단념하고, 바꿀 수 있는 것에 집중해야 하지 않을까요?

Work 3

1. 자신의 주변에서 문제1과 문제2에 해당하는 사례를 찾아봅시다.
2. 문제2에 해당하는 사례에 대해서, 어떻게든 바꿀 수 있는 문제인지 생각해 봅시다.
3. 일본에서는 2000년에 발행한 2천 엔권은 현재 거의 쓰이지 않습니다. 왜 보급되지 않았을까요? 보급시키기 위해 효과적인 시책은 없었던 것일까요? 국가의 입장에서 생각해봅시다.

03 윈윈Win-Win관계와 코디네이션

'코디네이션 게임'을 활용하자

비즈니스 세계에서 윈윈Win-Win관계라는 것이 있습니다. 이는 거래를 하는 쌍방 모두가 이익을 얻을 수 있습니다.

윈윈관계와 코디네이션 게임은 깊은 관련이 있습니다.

즉, 쌍방은 서로 관련되는 것으로 상태가 좋아지겠지만, 만약 관련이 없다면 이익을 얻을 수 없습니다. 그러한 가능성이 있는데, 관계가 형성되어 있지 않다면 앞서 봤던 문제2의 상태에 빠지고 말겠죠.

예를 들어, 서로 이익을 얻을 수 있다는 사실을 알고 있어도, 새로운 거래처와 관계를 만드는 일에는 역시 에너지가 필요합니다. 서로 협력해서 행동을 바꿔야 하기 때문입니다.

또, 우리가 깨닫지 못하고 있지만, 윈윈관계를 구축할 수 있는 가능성은 실로 많이 있을지도 모릅니다.

문제2와 같은 상태에 빠져 있다는 사실을 깨닫지 못한다면, 큰 기회를 놓치고 있는 것이겠죠.

이 문제에 대해서는 파트5에서 다시 한번 다루도록 하겠습니다.

Work 4

자신의 주변에, 본인이나 본인 회사의 입장에서 이익이 될 만한 윈윈관계는 없는지 찾아봅시다.

Part 3

동적 게임
-시간적 시야를 넓혀라

이익만
신경 쓰고
고객 만족을
소홀히 하면
예전으로
다시
돌아가는
거잖아요!

부르르르릉

Thank you…, 안녕히 가십시오.

후우….

헬로~☆ 긴지로 잘 지내?

Story 3

지금만 좋으면 그만일까!?

아- 가코 씨.

홱

꺄악! 얼굴이 왜 그래?

…아니 요즘 갑자기 바빠져서 하루 종일 미소 짓고 있느라 버릇이 됐어요.

역시 손님 응대엔 소질이 없는 듯해요.

하지만 정말 외국인 손님이 늘어났어요…. 화제가 되어서 그런지 내국인 손님도 늘어나기 시작했고요.

다들 가코 씨 덕에 영어로 접객하는 것도 그런대로 해내고 있는 것 같아요.

그래?
그거 잘됐네.

여름 휴가철
대비해서
일할 사람을
더 고용
해야겠어요.

단기
아르바이트라도
모집할까
해서

리조트 알바
모집 공고를 내면
지원하는 학생이
있겠죠.

재밌겠다―

JOB

리조트 알바 특집!!

사회의 혹독함을
맛보게 해주지….

으음~
아르바이트
학생이라….

무슨 문제라도?

법은
지킬 거예요

단기적으로는
그걸로 어떻게든
되겠지만….

정말
그걸로 괜찮아?
이참에 확실하게
인재를 육성해보면
어때?

네? 아직
그렇게
여유 없어요.

우선
여름 휴가철을
넘겨야
한다고요….

시야가
많이
좁아져
있네.

게임을
다이내믹(동적)하게
생각하는 게 좋아.

지금까지 설명해왔던 게임은 '플레이어가 동시에 행동하는 것'이 전제인데

많은 문제는 시간적 차이를 가지지.

한 사람이 행동한 다음 다른 사람이 반응하는… 행동의 원인과 결과에는 시간차가 있는 거야.

자 시작~

침묵 B

자수 A

행동 A B

시간

행동 A B

보드게임으로 말하자면 체스나 오셀로 같은 거지.

하아… 선수와 후수가 있군요.

그거랑 아르바이트생과 무슨 관계가….

내가 하고 싶은 말은 시간적 시야를 넓히는 것의 중요성이야.

그럼 게임을 해볼까?

사실
이 게임은
'후수가 무조건
이기는 게임'
이야.

남은 동전
개수부터
역산해가면
반드시
후수가 이겨.

시간적 시야가 없으면
동적 게임은
이길 수 없어….
이렇게 단순한
룰이라도 말이지.

역산…
그건 생각
안 해봤네.

동적 게임에서
착각을 막으려면
바로 그 '역산'을
하는 것이 좋아.

그러니까 미래에서 거슬러 올라가
일을 결정하는 것이지.

'백워드 인덕션'이라고 해서
전략에 뛰어난 사람은
그러한 사고법에 능숙해.

미래

현재

특히 비즈니스에 있어서는 단기적인 이익과
장기적인 이익은 종종 대립하기 마련이야.

근시안적인 행동을 하면 나중에
후회하게 되기 쉽지.

그저 심플한 동전 게임과 다르게

현실은 다른 사람이 어떻게 반응하는가를 정확히 읽는 것이 필요하지.

그렇기 때문에 견문을 넓히고 실패를 두려워하지 않고 도전해야 해.

'몇 수 앞을 보라'는 말이죠….

확실히 아르바이트생은 인건비가 크게 들지 않아도 금방 그만둬버리지….

바로 그만둘 직장이라면 될 수 있는 한 편하게 적당히 하면서 알바비나 받는 게 좋다고 생각할지 모르고.

그럼 서비스 질도 떨어지겠지.

서비스 질을 떨어뜨릴 수도 없는 노릇이고, 또 그러려면 인건비가 부담이 되고…

뭔가 괜찮은 방법이 없을까….

퍽

죄송합니다!

아~,
나카무라 씨구나….
아니에요, 저도
넋 놓고 있었는걸요….

엄마가
받을 수 있게
던져!

긴지로 씨
미안해요!

미안해요

…엇?!
혹시 얘가
유지예요!?

정말
많이 컸다!

하하하
올해 학교
들어갔어요.

야구부에
들어갔죠.

우와~! 그립다.
저도 야구부였어요.

열심히
야구부 활동
하는 건 좋은데
장비 사는 데
돈이 정말 많이
들더라고요.

그래서 나도
이제 시간도 있고 해서
슬슬 일하려고
마음먹었어요.

핫

네? 아직 문제가 있어요?

이제 개인이 열심히 하는 데 달린 거 같은데….

있잖아,

우리나라는 그런 경향이 강한데

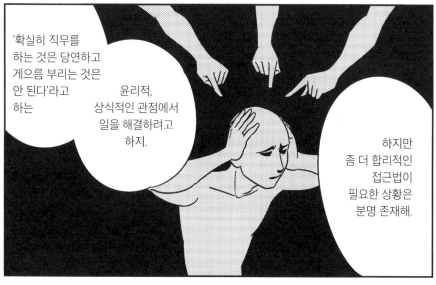

'확실히 직무를 하는 것은 당연하고 게으름 부리는 것은 안 된다'라고 하는

윤리적, 상식적인 관점에서 일을 해결하려고 하지.

하지만 좀 더 합리적인 접근법이 필요한 상황은 분명 존재해.

예를 들자면, 해외에서는 주민이나 자치체가 돈을 지불해서 자치경찰의 질을 향상시키려는 노력을 하지.

그들에게 보수를 지불해서 지속적으로 동기부여를 하는 것이지.

윤리관을 가지고 와서 개인을 질책하고 끝내면 문제는 또 발생할 거야.

'개인'이 아니라 '게임의 구조'에 주목해야 해.

그 문제가 일어난 게임 구조를 검증해서 원인을 제거하는 과정이 필요하지.

…그럼 정기적으로 평가하는 기회를 만들어라, 이 말인가요?

의욕을 끌어내기 위한 한 가지 방법이지.

하지만 평가 시스템이 기능하지 않는 것은 물론, 역효과를 내는 사례도 많아.

타임라인

① 지속적인 동기부여를 위해서 성적을 정기적으로 평가하기로 함

② 무시하고 종업원이 일을 안 함

만화 책방

③ 징계해서 종업원에게 미움받고 싶지 않다면, 귀찮은 평가 작업은 하지 않음

④ 평가에 반영되지 않는다는 것을 알게 되면 종업원은 점점 더 일을 하지 않음

만화 책방

⑤ 전체의 의욕이 떨어짐

타임라인을 보면 ③의 시점에서 징계를 해도 과거의 행동인 ②가 변하지 않지?

'어차피 변하지 않으니까…' 하고 평가 작업을 게을리하는 심리를 정당화하게 돼.

이러한 과정이 계속되면 상사가 하는 말을 듣지 않아도 된다고 생각하게 되지.

어떻게 하면 마음을 굳게 먹을 수 있을까요.

효과적인 해결책은 커미트먼트 Commitment야.

즉…

후나리 마을 회관

커미트먼트란 서약, 공약, 결의를 표명하는 것입니다….

그러니까 저는 세 달에 한 번씩 종업원 평가를 실시하지 않았을 때

임직원 워크숍 경비로서 제 월급에서 50만 원! 지원하겠습니다!!

말했다…! 말해버렸어 ……!!

오오-! 큰 결심 했구먼!!

짝짝

짝짝

하아… 똑같은 말을 다음 날 종업원에게도 발표하겠 습니다만

이렇게 '약속을 지키지 않으면 안 될 상황을 만들어내는 것'은 시간부정합성 문제의 효과적인 해결책입니다….

너무 많이 불렀나….

그렇군.
우리도 한번
해볼까.

그런데
…

아까
들은 건데
산채하고
버섯 따러 간
야마 씨가
다쳤다고
하더라고요.

조심 좀 하지.
누구 산채하고
버섯을
살 수 있는 업자
아는 사람
없어요?

야마 씨

누가?
야마 씨가?

'산채정식'이
우리 마을 산채로
만드는 메뉴지?
고기가 전혀
안 들어가고.

베지테리언
손님이 많이 찾으니…
어떻게든 해야겠네.

그렇지.
좀 아는 사람한테
부탁해봐야겠다.

자, 잠깐
기다리세요.

야마 씨가
가지고 오는 품질의
산채와 버섯을
금방 구할 수
있다고요?

뭐, 그 정도로
좋은 품질은
아니지만…
당장 급하니
어쩔 수 있나.

이미
'산채정식'을
예약해둔
손님도 있어.

게다가
외국에서 오는
관광객이야….
실망시켜드릴 순
없잖아.

…아뇨.
양해를 구하는 것도
생각해봐야 합니다.

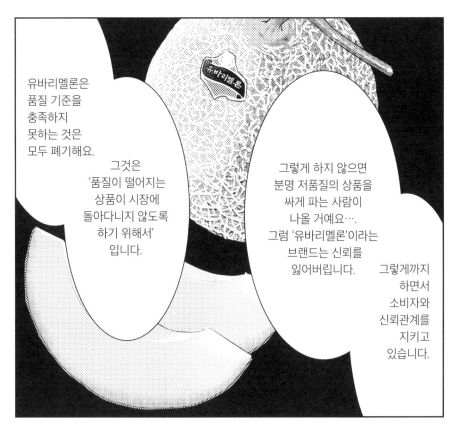

유바리멜론은
품질 기준을
충족하지
못하는 것은
모두 폐기해요.
그것은
'품질이 떨어지는
상품이 시장에
돌아다니지 않도록
하기 위해서'
입니다.

그렇게 하지 않으면
분명 저품질의 상품을
싸게 파는 사람이
나올 거예요….
그럼 '유바리멜론'이라는
브랜드는 신뢰를
잃어버립니다.

그렇게까지
하면서
소비자와
신뢰관계를
지키고
있습니다.

이봐, 너무 지나치게 생각하는 것 같은데.

계속 속이자는 것이 아니잖아.

이번만 이라니까.

신뢰는 절대로 지켜야 합니다.

우리 고장의 버섯을 찾아서 오는데, 다른 곳의 버섯을 제공하는 건 배신행위 아닌가요? 원산지를 속이는 거예요.

이익만 신경 쓰고 고객 만족을 소홀히 하면

예전으로 다시 돌아가는 거잖아요!

어쩔 수 없어요.

시대의
흐름입니다….

저렴한
숙박시설이니
손님도 그다지
기대 안 할 거예요.

…겨우 바뀌기
시작했는데…
저는 고객의 기대에
부응하고 싶어요.

삐
걱

사장님,
계세요?

…무슨 일
있어요?
회의 중이신가
보네.

이타 씨….
마침
잘 왔어요.

들어봐요.
이런 일이
있는데….

그렇다면 저한테 좋은 아이디어가 있어요.

이타 씨의 대안을 검토해보니

품질 기준을 맞출 수 있을 것 같아 진행하게 됐다.

사장님은 (불안해했지만) 손님에게 자초지종을 설명하고 식사 메뉴가 변경됨을 알렸다.

다행히도 다들 흔쾌히 양해해주셨다.

며칠 후.

게이마야

그 손님
분명 오늘
오신다고 했지?

신경
쓰이나
봐?

그냥 뭐…
제 맘대로 한 거
같기도 하고

이타 씨는
솜씨가 좋으니
맛은 걱정
안 하는데
그래도요.

…싸우자고
덤벼든 거
같기도 하고.

하지만
이 마을 식재를
사람들이
좋아하고

약속은
지켰다고 할 수
있잖아.

브랜드를
지키는 것도
많이 어렵네요.

이렇게까지
해서
지켜야 하는
거라니.

나는 진짜
대충해왔구나.

말
했잖아.

목적을
완수하기 위해서는
관철해야만 하는 것이
있다고.

조합에서
대연설하듯
했으면서.

저는 고객의 기대에 부응하고 싶어요.

그때 충동적으로 그렇게 말했는데

나한테 아직 그런 마음이 남아 있었구나.

히샤여관

우리 마을에서 키운 채소로 장식한 정식입니다.

Beautiful…!!

01 시간적 시야의 중요성

'원인'과 '결과'에는 시간차가 있다

파트1과 파트2에서 배운 '죄수의 딜레마'와 '코디네이션 게임'은 공간적 시야를 넓혀서, 객관적인 시각으로 문제를 조감하는 것의 중요성을 알아봤습니다. 시야를 넓혀, 객관적인 시야를 가지는 것으로 문제의 본질적인 원인을 이해할 수 있게 됩니다. 그럼 여기서 **시간적 시야를 넓히는 법**을 알아보겠습니다.

우리가 직면하는 많은 문제는 시간적 차이를 가지고 있습니다. 누구나 '왜 그때 열심히 하지 않았을까' 하고 후회한 경험이 있을 것입니다. **지금의 행동이 미래의 결과를 좌우합니다.**

당신의 '현재 행동'이 바뀌면 상대의 '미래 행동'도 바뀐다

이 관계를 조금 생각해봅시다. 지금 당신이 행동을 바꾸면, 그것에 반응해서 타인도 행동을 바꾸고, 결과적으로 미래의 상황이 바뀌는 케이스는 종종 있습니다.

분명 해결할 수 있을 거라고 생각한 문제가 새로운 문제를 불러일으키기도 합니다. 이처럼 다른 사람의 행동에 끼치는 영향까지 생각하지 않으면 예상 밖의 반응 때문에 기대한 결과를 얻을 수 없을지도 모릅니다.

예를 들면, 다음과 같은 케이스입니다.

- 경쟁기업으로부터 고객을 빼앗아오려고 가격을 인하하면, 경쟁기업도 대항해서 가격을 인하한다. 그래서 고객을 빼앗아오지도 못하고, 가격을 내린 만큼 이익이 준다.
- 정부가 저소득층을 지원하기 위해서 최저임금을 인상하면, 기업은 임금이 저렴한 해외에 생산 거점을 옮겨 저소득층의 일자리가 줄어든다.
- 팀 구성원끼리 경쟁으로 팀을 강화하려고 하면, 팀워크가 나빠져, 팀 전체 생산성이 떨어진다.

이와 같이, **우리 행동(원인)과 그 결과 사이에는 시간차가 있고, 행동이 어떠한 결과를 야기할 것인가를 장기적 관점으로 예상하지 않으면 바람직하지 않은 결과에 빠지기도 합니다.**

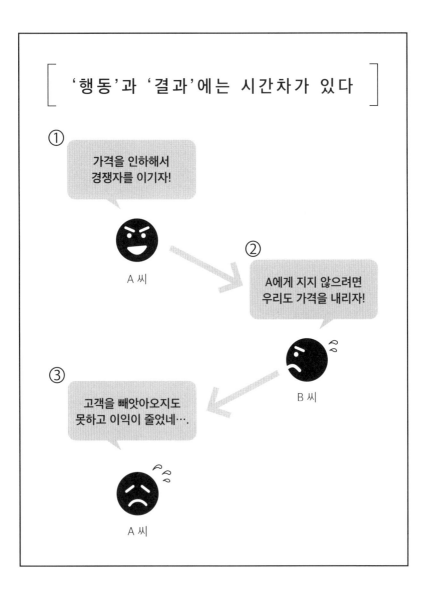

02 동적 게임이란

미래를 읽고 행동하는 것의 어려움

　게임이론은 시간적 차이도 다룹니다. 상황을 게임으로 파악하고, 시간적 차이가 있는 상황에서 일어날 수 있는 문제를 분석합니다.

　동적 게임 연구는 약간 복잡하고 난해하지만, 여기서 우리가 배워야 하는 교훈은 굉장히 간단하고 유익합니다. 그것은 '시간적 차이가 있는 게임은 몇 수 앞을 보고 행동해야 좋다'라는 것입니다.

　들을 필요도 없이 당연하다고 생각할지 모르겠지만, 정작 실행하려면 어려워서 많은 사람은 잘 못합니다. 우리의 시간적 시야는 굉장히 좁아서, 미래를 보고 행동하기를 어려워하기 때문입니다.

　긴지로도 장기적으로 적절하지 않은 행동을 하려는데도, 무엇이 문제인지조차 알지 못했죠.

승패가 정해진 게임도 있다

그럼 어떻게 하면 시간적 시야를 넓힐 수 있을까요?

그 첫걸음이 시야가 좁다는 것을 자각하는 일입니다.

앞서 등장한 '동전 게임'은 인간의 시간적 시야가 좁다는 사실을 이해하는 데 최적인 게임입니다.

열 개의 동전을 플레이어 두 사람이 번갈아 가져가는데, 10번째 동전을 가져가는 사람이 지는 게임입니다. 자신의 차례에 가져갈 수 있는 동전은 한 개 아니면 두 개이기에, 그다지 복잡한 게임은 아닙니다. 어떤 게임인지를 이해하려면 실제로 해보는 것이 제일 좋습니다. 어린아이를 상대로 한다면 30분 정도는 즐겁게 할 수 있겠죠.

하지만 이 게임을 즐길 수 있다는 사실 자체가 인간의 시간적 시야가 너무나도 좁다는 것을 말해줍니다. 왜냐하면 이 게임은 시간적 시야가 넓은 사람들에게 있어서 전혀 재미있지 않은 게임이기 때문입니다.

긴지로는 처음부터 승패가 정해져 있다는
사실을 깨닫지 못했다.

가코가 말했듯, 이 게임은 먼저 하는 사람이 반드시 지게 되어 있습니다. 처음부터 승패가 결정되어 있는 재미없는 게임이라는 말입니다. 결국 게임을 즐기려면 적어도 한쪽이 처음부터 승패가 정해져 있는 게임이라는 사실을 깨달으면 안 됩니다.

게임은 마지막에서부터 풀어가라

이 게임이 선수필패가 되는 이유를 확인해보겠습니다.

장기나 오셀로 등 차례가 바뀌는 게임에서 중요한 것은 몇 수 앞을 내다봐야 하는 것입니다. 즉, **어떻게 이길 수 있을지를 게임의 끝에서부터 역산해서 풀어가는 것이죠.** 게임의 마지막 단계에서 역산해서 상대의 행동이나 게임의 결과를 예상하는 방법을 백워드 인덕션(역귀납법)이라고 부릅니다.

이 게임은 10번째 동전을 가져가면 지게 됩니다. 바꿔 말하면 9번째 동전을 가져가는 사람이 이기게 됩니다.

이기기 위해서는 '어떻게 하면 9번째 동전을 확실하게 가져갈 수 있는가'를 생각해보면 됩니다. 9번째를 확실히 가져가는 방법을 생각하면, '자신이 6번째 동전을 가져가고, 7번째 동전을 상대가 가져가도록 하면 된다'라는 사실을 알 수 있습니다. 그러면 상대가 동전 한 개를 가져가든, 두 개를 가져가든 자신은 확실히 9번째 동전을 가져갈 수 있습니다.

다음 문제는 **'어떻게 하면 6번째 동전을 확실히 가져갈 수 있을까'**입니다. 사실은 이것도 동일하게 '자신이 3번째 동전을 가져가고, 상대가 4번째 동전을 가져가게 하면 되는 것'입니다.

이렇게 게임의 결과에서 역산해서 생각해가면, **승부를 결정하는 것은 '3번째 동전'**임을 알 수 있습니다. 3번째 동전을 가져간 쪽이 반드시 이기게 되어 있는 것입니다. 확실히 3번째 동전을 가져가는 쪽은 선수가 아니라 후수입니다. 선수가 동전 하나를 가져가든, 두 개를 가져가든 후수는 반드시 세 번째 동전을 가져갈 수 있기 때문입니다. 그리고 나서 '6번째' '9번째' 동전을 확실히 가져간다면 무조건 이길 수 있습니다.

물론 모든 게임이 '마지막 단계에서 역산하면 이길 수 있는 것'은 아닙니다. 또, 장기나 체스처럼 복잡하면, 필승법을 찾기란 무척 어려울 것입니다.

여기서 이해해야 하는 사항은 많은 사람들이 한 수 앞을 보지 못한다는 사실과 일반적으로 **한 수 앞을 보는 것이 좀 더 좋은 선택을 할 수 있다는 사실입니다.**

우리는 몇 수 앞을 내다보는 것이 힘들다는 사실을 자각하고, 일상생활을 되돌아보면 개선할 수 있는 문제가 있음을 깨닫게 될 것입니다.

동전 게임의 필승법

⑩ **번째 동전** 이 동전을 가져가면 지기 때문에

⑨ **번째 동전** 동전을 가져가면 이김!

⑧ **번째 동전** 상대가 ⑦만을 가져가면 ⑧⑨

⑦ **번째 동전** 상대가 ⑦⑧을 가져가면 ⑨

⑥ **번째 동전** 9번째 동전을 가져가려면 이것을 가져가야 함!

⑤ **번째 동전** 상대가 ④만을 가져가면 ⑤⑥

④ **번째 동전** 상대가 ④⑤를 가져가면 ⑥

③ **번째 동전** 6번째 동전을 가져가려면 이것을 가져가야 함!

② **번째 동전** 상대가 ①만을 가져가면 ②③

① **번째 동전** 상대가 ①②를 가져가면 ③

사고의 흐름=마지막 단계에서부터 생각한다

03 시간부정합성 문제

'시간부정합성의 문제'란?

비즈니스의 현장에서는 부하의 의욕을 고취시키거나 바람직한 행동을 이끌어내기 위해서, 당근과 채찍이라는 상벌 시스템이 종종 이용됩니다. 하지만 그것이 제대로 기능을 하지 않고, 반대로 의욕을 꺾어버리는 일이 적지 않습니다.

그 원인의 대부분은 '시간부정합성의 문제'에 있습니다.

시간부정합성 문제란 **시간적 시야에 있어서 최적의 행동이 다르기 때문에 일어나는 문제**입니다.

부하의 평가가 잘 이루어지지 않는 이유

부하의 평가라는 사례를 바탕으로 생각해보겠습니다.

부하는 '성실하게 일하는가' '나태한가'를 선택할 수 있습니다. 그리고 부하가 일을 하지 않을 때, 상사는 '질책할지 말지'를 결정합니다.

그러면 일어날 수 있는 상황은 아래 표와 같이 세 가지가 있습니다. 이세 가지 상황에서 부하와 상사에게 있어서 바람직함을 표로 나타내면, 아래와 같겠죠.

이 상황에서 상사는 어떠한 행동을 해야 할까요?

상사에게 있어서 중요한 것은 부하를 성실히 일하게 만드는 것입니다.

그러기 위해서 상사는 부하가 일을 안 하면 **"반드시"** 질책해야 합니다. 상사가 화를 내지 않을 것이라 생각하면, 부하는 계속 일을 게을리할 것입니다.

넓은 시간적 시야로 게임 전체상을 보면, 부하가 일을 하지 않으면 반드시 질책하는 편이 좋은 것은 명확합니다.

그럼 실제로 부하가 일을 열심히 하지 않는다면 어떻게 해야 할까요?

혼을 내거나 징계를 주는 데도 수고가 드니, '질책하는 행동'을 선택하면

부하와 상사의 이익표

일어날 수 있는 상황	부하의 이익	상사의 이익
부하가 성실하게 일한다	△	◎
부하가 일을 안 해서, 상사가 질책한다	×	×
부하가 일을 안 해도, 상사가 질책하지 않는다	○	△

상사의 이익은 떨어지게 됩니다. 그 때문에 일단 부하가 일을 열심히 하지 않는다면, 상사는 부하에게 징계를 내리지 않는 편이 바람직하다는 결론을 내리기 쉽습니다.

'시간부정합성'이란 시간적 시야를 바꾸면 최적 행동이 바뀌는 것을 가리킵니다. **장기적인 시야로 보면 좋지 않은 행동은 꾸짖어야 함에도, 단기적으로 생각해서 그렇게 하지 않는 케이스는 여러분 주위에도 많을 것입니다.**

'팔다 남은 상품'을 할인하면 안 되는 이유

예를 들어 이런 케이스가 있습니다.

신선식품 등은 팔다 남으면 폐기할 수밖에 없기에, 가게 입장에서 할인해서라도 전부 팔아버리려고 하는 것은 당연합니다(단기적 시야). 하지만 할

인한다는 사실을 알게 된다면, 고객은 할인을 할 때까지 사지 않을 가능성도 있겠죠. 그래서 장기적으로 봤을 때, 굳이 할인을 하지 않는 것이 현명한 선택입니다(장기적 시야).

편의점에서는 도시락을 팔다 남더라도 할인해서 판매하지 않고 폐기합니다. '가격을 내려서라도 파는 게 좋지 않나?' 하는 생각이 들기도 하겠으나, 구태여 그리하지 않는 것은 이러한 이유가 있기 때문입니다.

시간부정합성 문제의 대처법

시간부정합성 문제의 효과적인 대처법은 커미트먼트Commitment입니다. 이것은 **일시적인 유혹에 빠져 행동을 바꾸지 않도록 자신을 몰아넣는 일**입니다.

하지만 '반드시 벌을 줄 것임' '절대 할인은 하지 않음' 하고 선언해서, 자기 자신을 몰아넣으려는 케이스는 자주 찾아볼 수 있지만, 그것만으로는 공약을 지키기 어렵습니다. 그래서 긴지로가 했듯이, **공약하고, 그것을 지키지 못했다면 자신의 월급을 줄이는 등, 스스로 페널티를 부과하는 방법도 효과적입니다.**

'자승자박'이라는 말이 있듯이, 자신의 말로 자신을 구속하는 것은 언뜻 어리석은 행동이라 생각할지도 모르겠습니다. 하지만 **일시적인 유혹에 넘어가 바람직하지 않은 행동을 취했다는 것을 알게 된 경우엔 차선책으로서 검토할 가치가 있으리라 생각합니다.**

금연, 다이어트, 저축에도 활용할 수 있는 커미트먼트

시간부정합성의 문제는 일상적인 개인 문제로서도 종종 일어납니다.

긴지로처럼 스스로 페널티를 부과하는 것도 효과적이다.

금연이나 다이어트, 저축, 운동, 시험공부 등 장기적으로 생각하면 당장 하는 것이 좋다는 것을 명확히 알면서도, 일시적인 유혹에 빠져서 적절한 행동을 취할 수 없는 경험은 누구나 있습니다.

이렇게 개인적인 문제에도 커미트먼트는 효과적입니다.

이성의 힘이 강할 때에 스스로 자신의 행동을 제한하면 유혹에 넘어가지 않고, 적절하게 행동할 수 있습니다. 예를 들어, 바쁠 때나 조바심이 날 때는 이성의 힘이 약해 유혹에 빠지기 쉽기 때문에, 마음과 시간에 여유가 있을 때 가족이나 친구와 약속을 해두고 약속을 어기면 손해를 보게 합니다. 이렇게 하면 유혹에 빠질 것 같은 약한 자신을 극복할 수 있겠죠.

04 단기적 이익 VS 장기적 이익

시간적 시야의 협소함이 일으키는 문제

'단기적 이익'과 '장기적 이익'이 대립하는 일이 종종 있습니다.

비즈니스에서는 장기적으로는 큰 이익이 발생하는 좋은 투자도, 단기적으로는 이익을 감소시키는 것이 보통입니다. 여기서 단기적인 이익에만 관심을 두고 장기적 투자를 하지 않으면, 큰 기회를 잃는 등 장래에 굉장히 유감스러운 결과를 불러올 것입니다.

당장의 이익 때문에 주력상품 광고 선전에만 돈을 써서 신상품 개발이나 연구 개발을 소홀히 해, 경쟁기업의 경쟁 상품에 시장을 빼앗기는 케이스는 비즈니스 현장에서 종종 볼 수 있습니다.

손해를 보고 이익을 취해라

설비 투자나 연구 개발 투자뿐만 아니라, 인재 육성이나 브랜드 이미지

투자에도, '장기적 이익'을 위한 관점이 중요합니다.

긴지로가 아르바이트생을 고용해 급하게 인재 부족 문제를 해결하려고 했습니다. 가코는 장기적인 관점을 가지라고 긴지로에게 주의를 주었는데, 동일한 문제를 가지고 있는 기업은 많습니다.

단기적 비정규고용 전환으로 일시적으로는 인건비를 아낄 수 있습니다. 하지만 인재 육성을 소홀히 하여 기업 성장이 정체되는 문제도 일어날 수 있습니다.

또, 비정규고용이 늘어, 언제 계약이 종료될지 모르는 직장에서는 회사의 이익에는 관심 없고 비협력적이고 자기중심적으로 일하는 사람이 늘어날 수 있습니다.

회사에 공헌하는 우수한 인재를 키우고 싶다면, 적절한 보상을 받을 수 있는 고용 계약을 검토해야 합니다.

소비자를 속이는 행위로 단기적 이익을 얻을 수 있습니다. 하지만 장기적으로는 브랜드 이미지가 훼손되어, 큰 손실을 낳기도 합니다. **브랜드 이미지나 고객과의 신뢰관계를 구축하기 위해서는 긴 시간과 많은 노력이 필요하지만, 망가뜨리는 것은 한순간입니다.** 오늘날 기업이 불상사를 일으

특히 인재 육성은 장기적 관점이 필요하다.

이익만
신경 쓰고
고객 만족을
소홀히 하면

예전으로
다시
돌아가는
거잖아요!

브랜드에 대한 신뢰는 한번 잃으면, 되돌리는 데 많은 시간과 비용이 든다.

켜, 경영 위기에 빠지는 케이스는 자주 있습니다.

당장 눈앞의 일만 생각해서 행동하면, 만회하기 힘든 일이 일어날 수 있다는 사실을 명심해야 합니다.

또, 긴지로가 마을에서 생산한 식자재를 고집해, 여관조합 멤버들과 언쟁을 벌이는 장면도 있었습니다. 최근 문제되고 있는 원산지 허위 표기 등도 이와 매우 비슷한 구조라고 할 수 있겠죠.

인지적 시야의 협소함이 불러일으키는 문제 대처법

'단기적 이익 대 장기적 이익'의 문제는 일시적인 유혹에 넘어가 일어나는 '시간부정합성의 문제'만이 원인은 아닙니다. 그밖에도 인지적 문제로서 시간적 시야가 협소하여, 장기적 이익을 잊어서 (또는 인지하지 못해서) 일어나기도 합니다.

이러한 문제를 일으키지 않기 위해서는 **시간적 시야를 넓히거나, 또는 시야를 넓힐 수밖에 없는 구조를 만드는 것**이 무엇보다 중요합니다.

특히 비즈니스 현장에서는 바쁘고 여유가 없으면 무심코 눈앞의 일을 우선하고, 장기적 관점으로 생각하지 못하게 됩니다. 우리는 **보이는 것에만 사로잡혀, 인재나 브랜드 등과 같은 '보이지 않는 것의 중요성'을 잊어버리기 쉽습니다.**

이런 상황에서 벗어나기 위해서는 정기적으로 시간을 만들어, **자신의 행동을 장기적 관점으로 다시 검토하는 일이 빠질 수 없겠죠.**

회사 등 조직에서도, 당장의 일에 관한 통상적인 회의 말고도, 장기적 계획에 대해서 논의하는 회의를 정기적으로 열어야 합니다. 장기적 계획 목표를 모두가 볼 수 있도록 하고(예를 들면, 눈에 띄는 장소에 붙여두기), 장기 목표가 어느 정도 달성했는지를 정기적으로 확인하는 등의 시스템을 도입하면 단기적 이익에만 몰두하지 않는 조직 운영을 할 수 있게 될 것입니다.

Work 5

'워크 라이프 밸런스(워라밸)' 실천을 방해하는 '시간 외 근무'는 왜 일어나는 걸까요? 그 이유와 함께 줄이거나 없앨 수 있는 구조를 생각해봅시다.

05 죄수의 딜레마와 시간적 시야

단기적 관계와 장기적 관계는 '내시균형'이 다르다

단기적 이익과 장기적 이익에 관련하여, 최근 사회를 보고 있으면 협력관계나 신뢰관계의 중요성을 잊어버린 것은 아닌가 하는 위기감을 느끼기도 합니다.

파트1에서 소개했듯, 우리 사회에는 죄수의 딜레마 구조를 가진 문제가 수많이 존재합니다.

'죄수의 딜레마'는 기회가 한 번뿐이라면 서로 협력하지 않는 것이 유일한 내시균형이라는 사실을 앞서 배웠습니다. 하지만 동일한 게임이 몇 번이나 반복되는 경우, 서로 협력하는 상태도 내시균형을 이룰 수 있습니다. 즉, 협력관계를 유지할 수 있다는 것입니다.

'죄수의 딜레마'임에도 서로 협력하는 상태가 내시균형을 이루는 사실에 위화감이 느낄지도 모르지만, **장기적 관계에 있어서 '눈에는 눈 이에는 이'**

와 같은 보복이 가능해집니다.

　결국 보복할지도 모른다는 긴장감 있는 상황을 만들어낼 수 있다면, 협력관계를 유지할 수 있습니다.

서로 협력할 정도로 사회가 윤택해진다

　이 협력관계에는 큰 가치가 있습니다. 번영한 사회나 행복한 사회는 사람들의 신뢰나 협력을 바탕으로 이루어집니다. 배신하거나 서로 빼앗기만 하면 사회 전체가 윤택해질 수 없으며 안전을 보장받을 수도 없습니다.

　이는 여러 학술연구에서 확실히 밝혀진 사실입니다. 예를 들어, 미국의 정치학자 로버트 D. 퍼트넘은 『혼자 볼링하기』라는 저서에서 **인간관계가 양호한 지역일수록, 치안, 교육, 경제상태, 건강 등 다양한 면에서 바람직한 상태에 있다**라는 사실을 미국 각 지역을 비교하며 명확히 하고 있으며, 동일한 경향은 세계 곳곳에서 보고되고 있습니다.

　비즈니스에서도 **회사 안의 인간관계가 악화되면, 지각이나 결근, 업무태만, 사내 범죄 등이 문제가 될 위험성이 높아지며, 생산성이 저하된다**고 알려져 있습니다.

　많은 사람들은 협력적 인간관계의 중요성을 경험적으로 (혹은 본능적으로) 알고 있고, 처음 만나는 사람들에 대해서도 협력적인 관계를 쌓으려 노력합니다. 상냥하게 웃기도 하고, 공손한 말로 이야기하고, 상대를 배려해 말을 건네기도 합니다. 하지만 사람의 마음속은 보이지 않기에 바로 신뢰관계를 구축할 수 없습니다. 조금씩 시간이 지나며 협력관계는 형성되어 가는 것입니다.

　장기적 관점으로 보면 이러한 노력은 보상을 받는 경우가 많습니다. 하

장 기 적 협 력 관 계 가 초 래 하 는 것

장기적 협력관계 및 신뢰관계

치안, 교육, 경제상태, 건강 등
다양한 면에서 바람직한 상태가 됨

인간관계가 악화된 직장

지각 및 결근, 업무태만, 사내 범죄 등이
문제화될 위험이 높아지고, 생산성이 저하됨

지만 시간적 시야가 좁아져서 눈앞의 이익에만 사로잡히면, 배신하거나 자기중심적인 행동을 하는 편이 좋다고 생각하게 됩니다. 당연히 순간적으로 나쁜 마음을 먹거나 충동적으로 비협력적 태도와 행동을 취하게 됩니다.

신뢰관계나 협력관계를 구축하는 것은 어렵지만, 망가뜨리기는 간단합니다. 다시 양호한 관계를 만드는 일도 어려우며, **협력관계를 구축하지 못하면 딜레마에서 빠져나오기도 어렵습니다.**

시간적 시야를 넓혀, 보이지 않는 것의 가치를 보려고 들이는 노력의 중요성은 이러한 상황에서도 설명할 수 있습니다.

① '승객이 적은 비행기의 운임을 인하해서, 만석으로 띄우는 것이 어떤가?' 이 의견의 문제점을 찾아봅시다.

② 긴지로는 '주말에 공실이 있으면 안 되니 금요일이 되면 숙박비를 할인하자' 하고 생각했습니다. 이 아이디어의 문제점을 찾아봅시다.

③ 1990년대부터 근로의욕을 끌어내는 시책으로 많은 일본기업에서 도입한 성과주의는 제대로 기능을 하지 않았습니다. 성과주의 제도가 제 기능을 하지 못한 이유를 생각해봅시다. 이유가 떠오르지 않는 경우 인터넷에서 성과주의 평가에 대해 찾아보도록 합시다.

Part 4

행동경제학적 게임이론
-사람의 '행동'을 알다

또 맘대로 들어오셨네.

아티스트가 쓴 칼럼인데 말이야.

히샤여관

으힉 진짜다!!

사장님 하고 이타 씨…

딸깍/funarions

와- 멋지다!

음식이 맛있었다고 하고

마을 전체가 온천거리 재건에 힘쓰고 있다 하고.

열심히네. 슬슬 우리도 여름휴가 특집 준비해야지. 거기로 취재 갈까 하는데.

가면 서비스 많이 줘.

하하

확

오호호호
기다리겠습니다. 될 수 있으면
많이 오세요☆

누구!?
여친이야!?

아니야-
요괴야
요괴!

삐익

그럼 또
연락할게.

…

요괴가 뭐야.

암튼 멋지다!
나 이 사람
개인전
간 적 있어!

유명해요?

업계에서
주목하는
사람이야.

식재료 건
신경 쓰더니
잘됐네!

전화위복
이라는 거지.

하아…
뭐.

이타 씨가 애써주시기도 했고 갑자기 무리한 부탁을 드린 건 아닌가 했는데.

그렇지 않아.

이타 씨, 영어교실에서도 계속 아이디어 이야기했어.

우와—

정말이에요!?

…그런데 그렇게 해도 월급이 오르지도 않을 텐데 왜지….

가코 씨도 말했잖아요.

'평가받지 못한다면 일을 안 하는 게 이익' 이라고요.

최적 행동 이었던가요? 게임이론적으로 생각하면 이상하지 않나요?

손해

이익

그렇지만

사람은 종종 언뜻 이치에 맞지 않은 행동을 하기도 해.

감정 이성

게임 구조의 차이

etc.

이성이 아니라 감정으로 움직이는 경우도 있고, 사람에 따라서 보고 있는 게임 구조의 차이가 다를 때도 있어.

아아… 처음에 말하셨죠. 축구선수의 시선….

하지만 각 플레이어에게도 저마다 시선이 있잖아요.

맞아. 다른 사람이 보면 납득이 가지 않아도, 사람이 움직일 때 반드시 그 사람만의 이유가 있어.

이것을 모르면 게임 구조를 착각하는 일도 있지.

그냥 깜짝 놀라게 해주고 싶었지.

동기가 그것 뿐인가요?

요즘 손님도 다양해졌잖아.

도전 정신이 생기더라고.

뭐 이렇게 화제가 되리라고는 생각도 못했지만.

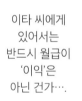

이타 씨에게 있어서는 반드시 월급이 '이익'은 아닌 건가….

그러고 보니 우리 딸들이 이야기 좀 하고 싶다고 왔는데 말이야.

저기… 우리도 번역이나

손님 안내를 해보고 싶어요.

아르바이트
말이지?
여유가
있으려나.

아… 아뇨!
돈은
안 주셔도 돼요.

대신…

우리 학교
영어부에서 배운
영어회화 실습을
해보고 싶어서요.

가코 선생님
교실에도
다니고 있는데

외국인하고
말해보고
싶어요.

그렇지?

응.

윽,
가코 씨…

큰일이네.
그 사람 역시
마을을 차지할
생각인가….

안 되나요?

아니 아니!
그럴리가!

일할 사람
늘어나면
나야 고맙지.

그럼
시험 삼아서
해볼까?

저 아이들
참 열심히
하네~

생각보다
잘하네요.
많은 도움이
되고 있어요.

지금까지
통역한테
부탁했는데

저 사람들에게
후나리 마을 역사를
가르치는 것도
힘든 일인데.

그런데
마을 아이들이라면
이미 알고
있기도 하고….

…그렇군요.
고도경제성장의
이면에는
그러한 역사가
있군요.

일본 느낌 나는 사원도
좋지만 이런 곳이야말로
리얼해서 흥미진진해.

네! 우리는 탄광에서
일했던 분들을
굉장히 자랑스럽게
생각하고 있으며,

그분들 이야기를
전할 수 있어서
기뻐요.

…그렇지? 사람들은
반드시 돈만 생각하고
약게 행동하는 건 아니야.

그렇군요….

이참에 소소한
꿀팁을
알려줄까?

토벽바르기
체험회

참가 무료

우와!
꽤 모였네요.

슬슬
해야겠다고
생각했는데

대신 벽 칠해줘서
고맙기는 한데….

이거 단순하게
봉사활동이죠?

뭐 사람을
모으는
한 가지
수단이지.

나중에
뭐라도 줘야
한다거나…

'자원봉사' 보다
'체험'이라고 하는 게
자신을 위해서
참가하고 있다는
마음이 강하게 들지.

때로는
돈을 지불하고라도
참가하고 싶게
만들기도 해.

체험

자신을 위해서
하는 것이라는
이미지

자원
봉사

타인에게 봉사
하는 것이라는
이미지

인턴이라는 것도 마찬가지야. 하는 일은 아르바이트와 똑같은데 '직업을 체험하는 일'이라고 하면 한번 해볼까 하고 생각하겠지?

체험

그렇네요….

잘 모르는 직업의 세계는 재미있을 것 같고.

지식

조심해야 할 것은 게임이론에서든 뭐든 지식이 역으로 시야를 가리는 경우도 있다는 것이야.

'그 정도야 알고 있다'라는 생각이 문제해결을 방해할지도 몰라….

그래서 겸손한 자세로 대화하고, 상대의 입장이나 감정을 이해하는 것이 중요해.

…그렇군요….

'사람은 왜
합리적이지 않은 행동을
하는가?'를 알아보는 것은
정말 재미있어.

득실이나
승패가
전부가
아니거든.

타인과
협력해서
무언가를
완수하고
싶다,

타인을
기쁘게 해주고
싶다

사회에서 필요로 하는
사람이 되고 싶다…,
그 이면에는
인간다운 미음이
가득하지.

그러한
상대의 감정을
신경 쓰는 것도
중요하지.

고객 설문

…아
고객 설문조사.

게이마야

여기 온천은 물이 정말 좋네요.

우리 애 피부가 약해서 잘 맞는 온천이 많이 없거든요….

아 그런가요?

…흐음. 저런 것도 있구나. 메모해두자….

…

나도 꽤 의욕이 생기네.

이런 것도 들고 다니고.

사람이 움직일 때는 반드시 그 사람 나름의 이유가 있구나.

그럼 나는 어떻게 해야 하지?

끽

손님에게 칭찬받으면 그럭저럭 기쁘지만 그렇게까지 여관에 진심인 건 아니고,

돈이야 벌면 기쁘지만 그것도 최고가 아니라는 기분이 들어.

애초에
왜 회사를
그만두기까지
해서
돌아왔을까?

어차피
엄마가
운영해도
되는 거잖아.

나에
대해서도
제대로
모르는데

타인에
대해서는
물어보지 않으면
알 수 없잖아.

그 사람도 그래.
왜 이렇게까지
도와주는 거지?

잘 생각해보면
난 가코 씨에 대해서
아무것도 모르잖아.

아-아…
모르는 것
투성이네….

척

01 게임이론적 접근법의 한계

조감하는 것만으로는 알 수 없는 것이 있다

공간적, 시간적으로 시야를 넓혀 문제의 구조를 조감하면, 지금까지 이해할 수 없었던 문제의 진짜 원인이 보입니다.

이것이 게임이론적 접근법의 강점이죠.

하지만 게임이론을 이용해 다양한 문제를 해결하려고 하면, **상황을 조감하는 것만으로는 알기 어려운 일이 일어납니다.**

예를 들어, 파트3에서 소개한 '동전게임'은 먼저 하는 사람이 반드시 지게 되어 있다고 소개했습니다만, 그것은 상대(후수)가 '몇 수 앞을 볼 수 있는 사람'일 경우입니다. 후수가 몇 수 앞을 읽지 못하면, 선수에게도 이길 수 있는 기회가 있습니다. 상대가 예측할 수 있을지 없을지는 게임 구조 및 상황을 조감해도 알 수 없습니다.

게임이론을 더욱 효과적으로 사용하기 위해서는 상황을 조감하는 거시적 시각에 더해, 플레이어, 즉 해당 상황에 관련한 사람의 행동을 이해하려고 하는 미시적 시각을 가지는 것이 중요합니다.

플레이어가 어떠한 행동을 할지를 이해하지 못하면, 아무리 문제를 조감한다고 해도, 일어나는 상황을 정확히 이해하고, 문제를 해결할 수 없기 때문입니다.

사람의 행동은 똑같지 않다

우리는 모두 똑같이 행동하지 않습니다. 입장이나 전제가 바뀌면 행동도 크게 변합니다.

예를 들어, 다음과 같은 케이스를 생각해볼 수 있습니다.

'죄수의 딜레마'의 상황에서는 '구류기간이 짧은 편이 바람직하다'라고 가정했지만, 그렇지 않은 죄수 역시 있을지도 모릅니다.

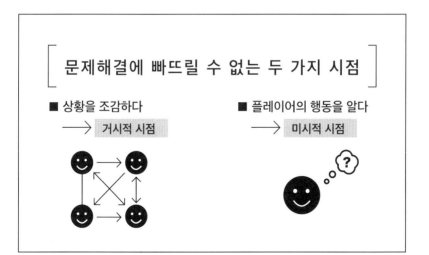

오헨리의 어느 소설에 등장하는 주인공은 굉장히 추운 뉴욕 크리스마스를 따뜻한 형무소에서 지내기 위해 범죄를 시도합니다.

만약 '**구류기간이 긴 편이 바람직하다**'라고 생각하면, 두 죄수는 어떻게 행동할까요?

이 상황에서도 딜레마는 일어날까요?

이익표를 그려 생각해봅시다.

구류기간이 길면 길수록 바람직하기에, 바람직함의 순서가 단순히 반대로 됩니다.

각각의 최적 전략에 원 표시를 하면 '**함께 침묵**'이 **내시균형**을 이루는 것을 알 수 있습니다. 자신만을 생각하면 침묵하는 편이 좋으니, 예상대로일지도 모르죠.

재미있는 것은 이 상황도 역시 딜레마가 발생한다는 것입니다.

내시균형의 '함께 침묵'보다도, '함께 자백'이 구류기간이 길기에 두 사람에게 있어서 보다 바람직한 상태가 되는 것입니다.

여기서도 개인의 이익과 전체의 이익이 대립하기 때문에, 딜레마가 발생합니다.

어떻습니까? **행동의 전제가 바뀌면 문제의 본질도 전혀 달라진다**는 사실을 확인했나요?

모두가 보고 있는 이 세계도 행동에 관한 견해를 바꾸면, 마치 다른 것이 될지도 모르겠습니다.

행동의 전제가 바뀌면 어떻게 될까?

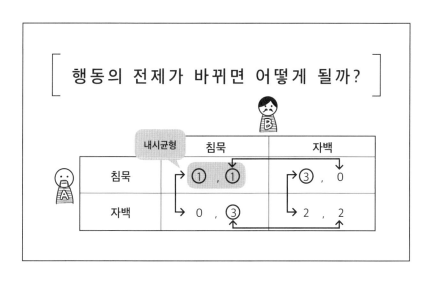

02 행동경제학의 관점

타인의 행동에 대해서 무지함을 깨닫다

'나에 관해서는 잘 알고 있다.' '남이 어떻게 행동할지는 말하지 않아도 대강 알 수 있다.' 많은 사람들은 이렇게 생각합니다. 사실 저도 그렇게 생각했습니다.

하지만 행동경제학 연구는 우리의 이러한 인식이 자만심이라는 사실을 가르쳐주고 있습니다.

행동경제학이란 심리나 감정에도 좌우되는 사실적인 인간행동메커니즘을 탐구하고, 그것에서 경제현상이나 경제문제를 이해하려 하는 새로운 경제학입니다. 전통적 경제학은 사람은 사익을 최대화하기 위해서 합리적으로 행동한다고 가정하는 것이 보통이었습니다.

하지만 그러면 설명할 수 없는 현상이 많이 발견되기에, '도대체 사람은 어떻게 행동하는가'라는 근본적인 물음으로부터 경제현상을 인식하는 연구가 시작되었습니다. 그것이 행동경제학입니다.

행동경제학이 해명하는 인간의 행동

행동경제학 연구에 따르면 우리는 자신이 어떻게 행동하는지조차 잘 알지 못한다고 합니다.

예를 들어, 우리 대부분은 **무의식적으로** 다음과 같은 행동을 하고 있습니다.

· 선택지가 너무 많으면 오히려 선택하지 못한다.
· 세 가지 선택지가 있으면, 무심코 가운데 선택지를 고른다.
· 타인의 행동에 영향을 받는다.
· 자신에게 유리한 정보만을 선택한다.
· 시야가 좁아져서 예측하지 못한다.
· 굉장히 작은 확률을 과대평가한다.
· 자의식 과잉이 된다.
· 손해를 보면 그것을 만회하기 위해서 리스크를 아무렇지 않게 받아들인다.

이러한 경향은 실험으로 확인되었지만, 많은 사람들은 깨닫지도 못하고 있습니다. **자신의 행동조차 모르니, 입장이 다른 타인의 행동을 알지 못하는 것은 당연**한 일이죠.

적을 알고 나를 알면, 백 번을 싸워도 위태롭지 않다

이것은 **전략을 생각할 때, 상황을 조감하는 것뿐만 아니라, 타인과 자신을 이해하는 것이 중요**하다는 말입니다.

현대 전략론인 게임이론에서도 이 관점은 빠뜨릴 수 없습니다.

인간행동의 이해를 바탕으로 하는 게임이론은 **'행동경제학적 게임이론(혹은 행동게임이론)'**으로서 최근 활발히 연구가 이루어지고 있습니다.

03 두 가지 행동메커니즘

왜 나 자신에 대해서도 제대로 모르는 걸까?

'나에 대해서는 잘 알고 있어.' 그렇게 생각하고 있는 사람의 대다수는 자신의 행동은 전부 스스로 생각해서 결정한다고 생각합니다. 하지만 정말 그럴까요?

실제로 우리는 평소 거의 모든 행동을 그다지 생각하지 않고 무의식중에 결정해버립니다. 어떤 옷을 입고, 어떤 전철을 타고, 무엇을 먹고, 무엇을 사고, 어떻게 일을 할까. 생각하고 결정하기도 하지만, 많은 경우엔 '평소 하던 대로' 하거나 별생각 없이 결정합니다. 그리고 **이론으로는 설명할 수 없는 감정에 크게 영향을 받으며 행동하는 것입니다.**

영화 〈백 투 더 퓨처〉의 주인공은 'Chiken'이라는 말을 들으면 감정을 주체하지 못해 무모한 행동을 하게 되는데, 이와 비슷한 경험을 한 사람도 있을 것입니다.

충동구매나 한눈에 반하는 일 등도 이론으로는 설명할 수 없는 행동이죠.

시스템I과 시스템II—두 가지 행동메커니즘

우리는 보통 여러 가지 일을 머릿속으로 생각해서 행동하고 있지만, 갓난아기와 동물들은 그렇지 않습니다. 선천적인 행동 프로그램에 따라 가르쳐주지 않아도 외부의 자극에 반응해서 행동합니다.

외부의 자극은 '먹고 싶다' '만지고 싶다' '보고 싶다' 등의 감정(행동)을 일으켜, 그 감정이 '먹다' '만지다' '보다'라는 행동을 이끌어낸다고 할 수 있습니다.

이런 감정들은 자극으로부터 무의식중에 생기는 것이기에, 이러한 행동은 이성적이라기보다는 감정적인 것입니다.

우리 인간은 이성적으로 행동할 수 있지만, 일상적 행동은 거의 무의식적으로 이루어지고 있습니다.

행동경제학은 무의식적인 행동메커니즘I, 의식적인 행동메커니즘II라고 부르며, 각각 다른 특징을 가지고 있습니다. 또, 장단점이 있으며, **인간은 이 두 가지를 필요에 따라 구사하며 행동**합니다.

예를 들어, 우리가 의식하고 있는 행동은 주로 시스템II로 대뇌신피질의 전두전야라는 뇌 부위를 사용한다고 알려져 있습니다. 하지만 시스템II의 작업은 지치기 때문에 우리는 무의식중에 그 작업을 건너뛰고(인지적 절약), 시스템I로 일을 처리해버립니다.

두 개의 시스템을 구분해서 사용하는 데 개인차는 있지만, 시스템I을 전혀 의지하지 않고 행동하는 사람은 존재하지 않습니다.

또, 대뇌신피질의 전두전야는 노화됨에 따라 기능이 저하된다고 알려졌으며, 그에 따라 무의식적인 활동 비율이 증가합니다.

예를 들어, 업무나 공부에 집중하고 싶은데, 다른 사람의 이야기 소리에 집중할 수 없는 경험이 다들 있을 것입니다. 듣고 싶지 않으면 무시하면 되는데, 우리의 귀는 들려오는 소리를 마음대로 청취해, 사고를 방해합니다. 이처럼 '들려오는 소리를 마음대로 청취하는 것'은 동물이 가지는 행동메커니즘 '시스템Ⅰ'에 해당합니다. 한편 '일이나 공부에 집중하고 싶다' 하는 마음은 이성적인 행동메커니즘 '시스템Ⅱ'입니다. 이것들이 경쟁하기 때문에, 조바심이 나고 짜증이 납니다.

당연한 말이지만 우리는 무의식중에 취하는 행동은 거의 알아차리지 못합니다. 다른 사람으로부터 지적받아 비로소 처음 알게 되는 일이 거의 대부분입니다.

두 가지
행동메커니즘

무의식적인 행동 메커니즘 시스템 I	본능적 행동이나 습관적 행동
	거의 의식하지 않은 행동
	속도가 빠르다
	멀티태스크에 대응
	자동적이며 융통성이 없다
	그다지 에너지가 필요하지 않다
의식적인 행동 메커니즘 시스템 II	이성적 행동이나 사려적 행동
	의식한 행동
	속도가 느리다
	싱글태스크
	임기응변으로 행동을 바꿀 수 있다
	피로감이나 부담감이 있다

04 "인간다운 행동"의 구조

행동메커니즘의 기본 구조

사람의 행동메커니즘에는 감정과 이성 두 가지 시스템이 있다고 설명하면 굉장히 복잡하게 느껴지며, 다른 동물과 비교하면 확실히 더 복잡합니다.

하지만 기본적인 구조는 다른 동물과 그다지 다르지 않다고 생각해도 좋습니다.

다른 동물과 똑같이, 살아가기 위해서 식욕을 채우고, 생명의 안전을 추구하며, 자손을 남기기 위해 이성에게 흥미를 가지는 등의 욕구로 우리 행동의 대부분을 설명할 수 있을 것입니다.

'인간다운 행동'의 이면에 있는 5단계 욕구

하지만 그것만으로는 설명이 안 되는 부분도 있습니다. 우리 인간에게는 좀 더 **인간다운 욕구**도 있습니다. 심리학자 매슬로에 의하면, 우리에게는 그림처럼 5단계의 욕구가 있다고 합니다.

그럼에도 불구하고 우리는 '사람은 돈 때문에 일한다(생리적 욕구나 안전 욕구를 만족시키는 것)'고 생각합니다.

히샤여관의 이타 씨의 행동을 이끌어낸 것은 돈이 아니라 '자신이 만든 음식을 다른 사람에게 인정받고 싶다' 하는 존경의 욕구였습니다. 또, 여자 아이들이 '영어로 관광안내를 하고 싶다' 하고 생각한 것은 성장하고 싶은 자기실현의 욕구 때문이었습니다.

사람을 움직이는 것은 돈뿐이라고 생각한다면, 취할 수 있는 전략 선택의 여지는 굉장히 협소해져, 문제를 해결하기 어려워집니다.

하지만 사람이 돈 이외의 목적으로 움직일 수 있다는 사실을 안다면 불가능하다고 생각한 것도 가능해질 수도 있습니다.

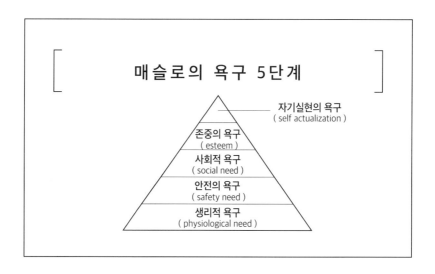

사람은 언제나 '돈' 때문에 움직이는 것은 아니다

지바현 보소반도를 횡단하는 이스미철도는 2010년 3월, 훈련비용 7,000만 원을 자기부담하는 것을 조건으로 해서 열차 운전사를 모집했습니다.

'사람은 돈 때문에 움직인다'라고 생각하면, 이러한 조건으로 운전사가 되려는 사람은 있을 리가 없다고 생각하는 것이 당연하겠죠. 실제로 철도 회사 관련자의 말에 따르면 그러한 의견이 많았다고 합니다.

그런데 정작 모집 공고를 내어보니, 다수가 응모를 했고, 그중 채용된 네 사람은 훈련생을 거쳐 2012년 12월, 모두 철도 운전사가 되었습니다.

운전사로서의 수입은 얻을 수 있겠지만, 돈만으로 그들의 행동을 설명할 수는 없습니다. '철도 운전사가 되고 싶다'라는 꿈(자기실현의 욕구)이 틀림없이 그들 행동의 커다란 원동력이 되었을 것입니다.

사람을 움직이게 하는 것은 '돈'뿐만이 아니다.

사람은 '종합적 판단'이 서툴다

매슬로가 지적했듯 우리에게는 다양한 욕구가 있습니다.

예를 들어, 회사에서 일하는 행동에는 다섯 가지 욕구가 모두 관련되어 있을 가능성이 있습니다. '돈'뿐만 아니라, 다른 사람에게 인정받고 싶다, 좀 더 성장하고 싶다라는 욕구도 관련되어 있습니다.

그렇게 생각하면, 일을 선택할 때에는 일을 통해서 얻을 수 있는 것을 종합적으로 판단해서 결정해야 하지만, **우리는 그러한 종합적인 판단이 서투릅니다.**

예를 들면, 월급은 적어도 다양한 일을 배울 수 있는 일과 월급은 높지만 재미없는 일 중 어떤 일이 좋은지 물어보면 좀처럼 판단을 내리기 쉽지 않습니다. 일을 통해 얻을 수 있는 '월급' '업무스킬'을 점수화해, 종합적으로 결정하면 되겠지만, 실제로 그러한 판단을 하는 사람은 거의 없겠죠. 이러한 **복잡한 사고는 시스템II의 인지능력을 혹사시키기 때문에, 우리는 무의식중에 피하려고 합니다**(인지적 절약).

그럼 우리는 어떻게 판단을 내리고 있을까요? 우리는 **복수의 어느 요소 중 일부에 의식을 집중시켜, 평가하고 판단**하고 있습니다. 또, **복수의 어느 요소 중 어디에 의식을 집중할지는 정보 조작 등으로 간단히 바꿀 수 있다**고 알려져 있습니다.

이야기에서도 소개했듯, 실시 내용은 똑같아도 '토벽 바르기 자원봉사 모집'으로 적는 것과 '토벽 바르기 체험(참가비 무료)'이라고 적는 것은 평가할 때 주목하는 포인트가 바뀝니다.

참가하는 사람에게 있어서 토벽 바르기를 도와주는 일에는 두 가지 의미가 있습니다.

'자원봉사'와 '체험, 배움' 양쪽을 어필함	➡	정보량이 너무 많다
'자원봉사'만 어필함	➡	그다지 매력직이지 않음
'체험, 배움'만 어필함	➡	매력적이며, 재미있을 것 같다

'자원봉사=남을 도움'의 요소, 다른 하나는 '체험, 배움'의 요소입니다.

모집하는 입장에서는 "자원봉사"의 요소를 강조해서 '부탁합니다' '도와주세요' 하는 마음을 솔직하게 전달하는 것이 성실해 보일 수도 있겠지만, 참가하는 입장에서는 그다지 매력적이지 않습니다.

오히려 참가하는 일에 '배움' '성장 요소'가 있다는 것을 의식하게 만드는 '체험'이라는 말을 사용하면 참가 의욕을 이끌어낼 수 있습니다.

월급은 많으면 많을수록 좋을까?

여러분은 자신의 월급에 얼마나 만족하고 있습니까?

잠깐 생각해보세요.

그리고 태풍으로 집도 가족도, 일도 잃은 가난한 지역에서 사는 사람의 수입을 상상해보세요. 그러고 나서 자신의 월급에 대해 다시 한번 생각해보세요.

월급에 대한 감각이 변하지 않았습니까?

월급은 많으면 많을수록 기쁘기야 하겠지만, 그 평가는 절대적인 것이 아닙니다. 우리는 **사물이나 일을 절대적으로 평가하는 것에 서투르며, 언제나 무언가를 참고 기준으로 삼습니다.** 연봉이라면 '과거의 연봉'이나 '다른 사람들의 연봉'을 참고 기준으로 하여, 그것보다 높으면 바람직하고, 그렇지 않으면 바람직하지 않다고 느낍니다.

하지만 이러한 참고 기준은 절대적인 것은 아닙니다.

앞서 언급한 예처럼, 자신과는 전혀 환경이 다른 외국 사람들의 낮은 연봉을 참고 기준으로 삼으면 자신의 연봉이 낮다고 생각하던 사람도 불만이 사라지기도 합니다.

사람의 행동메커니즘과 사기 수법

동일한 상황임에도 참고 기준이 조작되어, 평가가 180도 달라져버리면 너무나도 불합리한 판단으로 생각되겠죠. 절대적인 평가를 할 수 있으면 이러한 일은 일어나지 않겠지만, 우리의 인지적 능력으로는 어려우며, 결국 참고 기준과의 비교로 상태평가가 되어버립니다.

매매가격을 교섭할 때, 판매하는 쪽이 터무니없이 높은 가격을 부르기도 하는데, 이는 **참고 기준에 근거한 상대평가를 이용한 전략**입니다.

예를 들어, 판매하는 쪽에서 1만 원에 팔고 싶은 것을 처음부터 1만 원이라는 가격을 제시하면 아무도 사지 않을 것 같은 상품이 있다고 하겠습니다. 이때 예를 들어, '이 상품 10만 원에 어때요?' 하고 10배의 가격을 제시하는 케이스가 이에 해당합니다.

물론 10만 원에 사른 사람은 아무도 없겠지만, 중요한 것은 이런 높은 가격을 제시함으로써 무의식중에 10만 원이라는 참고 기준이 만들어졌다는 사실입니다. 이 때문에 1만 원이 아니라 2만 원도 저렴하게 느껴지니 이상한 일입니다.

보이스피싱 사기도, 처음엔 일부러 터무니없는 금액을 요구하고, 나중에 어떻게든 감당할 수 있는 금액을 요구하는 수법을 사용한다고 알려져 있습니다. 인간의 이러한 메커니즘을 악용하는 것입니다.

의욕을 잃지 않는 평가 기술

사람에 대한 평가도 마찬가지입니다.

특히 아이를 키우는 부모는 무심코 자신의 아이와 다른 사람의 아이를 비교하기 쉽습니다. 다른 아이보다 뛰어나다면 좋지만, 그렇지 않으면 아이에 대한 불만이 생기고 마음대로 되지 않아 초조함을 느끼기도 합니다. 하지만 아이가 좀 더 어릴 때와 비교해서 성장했다는 것을 생각하면 기분이 진정되기도 합니다.

국내 학교 교육은 편차치 교육이라고도 불리며, 이는 집단의 평균적인 능력과 비교해서 평가하는 것을 의미합니다. 그러면 당연하게도 평균 이하의 성적을 받는 아이가 절반 가까이 나오게 됩니다.

'나는 틀렸다'라고 느끼는 아이는 의욕을 잃어버립니다.

국내 학교 교육밖에 모르면 이를 당연하게 여기기 쉽지만, 사실은 그렇지 않습니다. 평가 참고 기준을 각각 아이의 과거 능력에 두면 아이들에게 열등감을 주는 일 없이 의욕적으로 공부하도록 만들 수 있습니다.

예를 들어, 수영스쿨 등은 도달도에 따라 레벨을 높이는 교육 시스템을

평가 참고 기준을 명확히 하자

참고 기준		효과
집단 평균적 능력 (편차치 등)	┅┅▶	평균 이하는 의욕을 잃는다
개개인 과거의 능력	┅┅▶	모든 사람에게 의욕이 생긴다

채택하는 곳이 많습니다. 이 경우 아이들은 **과거의 자신을 참고 기준**으로 의식하게 됩니다. 그러면 향상이나 성장을 실감하면서 의욕적으로 배우도록 촉구할 수 있습니다(반면, 점차 레벨 향상이 어려워지면, 의욕이 꺾이는 문제도 있습니다).

어른에 대한 평가에서도 동일합니다.

타인을 과도하게 기대하면 불만이나 초조함을 느끼며, 이와 같은 감정은 행동에도 영향을 끼치게 됩니다. 불만이나 초조함이 감정적으로 부적절한 행동을 일으킨다면 타인을 평가할 때 참고 기준을 의식적으로 바꾸는 것도 효과적이지 않을까요.

여러분 주위에 불만이나 초조함을 느끼게 하는 사람이 있나요?
그 사람에게 그런 감정을 느끼는 이유를 참고 기준이라는 관점에서 생각해봅시다. 가능하다면 의도적으로 그 참고 기준을 바꿔봅시다.

05 플레이어 행동의
배경을 파악하자

행동에는 반드시 그 사람 나름의 이유가 있다

지금까지 봐왔듯이 자신에 대해서조차 알지 못하는 것이 많으니, 다른 사람의 행동에 대해서 알지 못하는 것은 당연합니다.

상대의 입장이 되어 생각하고, 타인의 기분을 이해하는 일이 아무리 중요하다고 알고 있어도, 능숙하게 되는 사람은 그리 많지 않습니다.

하지만 포기하지 않고 이해하려는 노력이 문제의 본질적인 해결로 이어집니다.

'많은 사람이 만족하고 있는데 왜 저 사람은 불만일까?'

'많은 사람이 노력하고 있는데, 왜 저 사람은 노력하지 않을까?'

안이하게 '저 사람은 제멋대로다' '저 사람은 게으르다' 하고 해석해버리면 간단하겠죠.

하지만 정말 그럴까요?

그 사람이 추구하고 있는 것, 눈에 보이지 않는 욕구를 이해하지 못하는 것일지도 모릅니다. 연봉에 불만이 있을 수도 있고, 존중 욕구가 채워지지 않은 것일 수도 있으며, 새로운 일에 도전하고 싶은 것일 수도 있습니다. 이유는 저마다 다릅니다.

표정이나 태도, 행동으로부터 타인의 마음속을 추측하는 자세도 중요하지만, 대화로 이끌어낼 수 있다면 그것이 가장 좋습니다.

우리는 신뢰하지 않는 사람에게는 진심을 이야기하지 않으니, 신뢰관계를 만드는 것부터 시작해야 하는 경우도 있겠죠.

인간의 행동 연구는 아직 진행 중입니다. 사람의 행동메커니즘 해부는 뇌신경 단계에서 연구되고 있지만, 아직 알지 못하는 것이 많습니다. 여기서 소개한 행동메커니즘 일부도, 앞으로의 연구로 뒤집히는 일이 생길 수도 있습니다.

'사람에 대해서 잘 알고 있다' 하고 자만하지 않고, 겸허하게 이해하려는 자세를 지속적으로 가지는 것이 중요합니다.

Part 5

게임이론 응용

-한층 발전한
문제해결을 위해서

긴지로….

Story 5

'우물 안의 개구리'가
되어 있지 않은가?

물 한잔
줄래?

아~!!

돌아올 거 알고 있었어요!? 어디 갔는지 모른다고 했잖아요….

그건 매일 얼굴 볼 수 있는 곳에 있지 않으니까 구체적으로는 몰랐지….

연락하고 있었어요!?

저 왔어요~ 이거 보세요~!

학생 분한테 술 선물 받았어요~♪

같이 마셔요….

뭐야! 긴타로 벌써 왔네!

수고했어~

안녕, 가코.

!!!?

…잠깐만.

뭐, 뭐야 이 상황은….

비틀

툭

콰당

앗

멋지다.
정말 여러 곳
다녔네.

핫

끄응

어, 굉장히
귀중한 체험이었어….
시야가 넓어졌달까.

어디야
여기!!

엇, 긴지로
정신 좀 드냐.

기억 안 나?
'비밀기지'
잖아.

옛날에는
이렇게
자주 셋이서
놀았는데.

그랬지….
그립네….

아주
놀고들 있네!!!

…아아

어떻게
된 거야.

…가업을 이은 지도 10년…

하고 싶은 걸 해야겠다고 생각했어.

나는 아버지가 돌아가시고 바로 여관을 이어받았잖아.

다른 세계를 아무것도 몰랐어.

착신

본가

알고 있는 거라고는 이 마을과 대학교 다닌 4년간뿐…. 처음엔 그래도 좋았지.

하지만 막다른 길에 서 있는 기분이 들었다고 할까.

아둔해지는 것 같았어.

점점 과거 경험에만 매달려서 상황이 안 좋은 데도 낙관하게 되고….

정신 차리고 보니 더 이상 어떻게 해야 할지 모르게 됐어.

그래서 바깥세상을 보러 가게 된 거야.

우리는
극히 제한된
선택지밖에
몰라.

하지만
좀 더 다른 선택지를
찾을 수 있으면
문제가 해결될지도
모르는데….

그러기 위해서는
바깥세상으로
눈을 돌려야
했어.

남들은 뭘 하는지?
어떤 선택을
하고 있는지?

나는
알 필요가 있다고
생각했어.

….

갑자기
돌아와서
놀랐잖아.

꽤 열심히
한 거 같던데.

가코도
계속 도와준 거
같고….

힘들었지?

…!

나 그 기사 번역했었어….

그랬구나…. 그래서 그때….

어디서 본 거 같기도 하고….

그런데 왜 그만뒀어요?

그냥 자연스럽게 그렇게 됐어.

컨설턴트 일도 보람이 있긴 했지만

좀 더 직접 누군가에게 도움이 되는 일이 하고 싶었어.

그때 마침 여기가 생각나서

예약을 하려고 봤더니 긴타로가 받지 뭐야.

너무 반가워서 이야기하다 보니…

서로 고민을 털어놓게 됐고 도움이 되고 싶다는 생각이 들었어.

그래서
충동적으로
회사를 그만두고

인수인계하는 데
시간이 걸려서
긴타로랑
엇갈려버렸지.

그런…
세계 유수의
회사를
그만두다니… 아깝잖아요….

별로
그렇지도
않아.

긴지로도
열심히 했고

처음엔 제각각이었던
마을 사람들도 지금은
온천마을을 위해서
협력하게 됐잖아.

굉장히
충실하고.

나야말로 살아가는
방식의 선택지가
늘어난 것 같아.

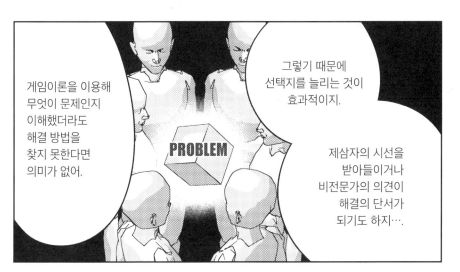

게임이론을 이용해
무엇이 문제인지
이해했더라도
해결 방법을
찾지 못한다면
의미가 없어.

그렇기 때문에
선택지를 늘리는 것이
효과적이지.

제삼자의 시선을
받아들이거나
비전문가의 의견이
해결의 단서가
되기도 하지….

나는
자신에 대해
알라고 말한 것
뿐이야.

그걸 선택지로
받아들이고
키운 것은
긴지로야.

…암튼
그래.

난
이제
돌아왔어.

이제
하고 싶은 거 해도 돼,
긴지로.

어머니를
도우려 도쿄에서
돌아오기까지…

정말 잘했어.

여기 남으면
나는 기쁘겠지만,
강요하는 건
아니야.

이제
자유롭게 해.

장사에는
소질이
없다.

그런데
어떤 사정인지도
모르고
곧장 돌아온 것은
왜일까….

물론 엄마가
걱정이었던 것도
있지만,
그것뿐만이
아니야.

여기에 내가
있을 곳이 없다고
느꼈기 때문이야.

형이 가업을
잇고 있으니,
나는 필요 없다고
생각했어.

지금까지
도쿄 생활도
어떤 목표가
있던 것도 아니야.

나는
'빈틈'에 뛰어든
것뿐이지
않을까?

그럼 잘
부탁드려요!

하지만
지금은
달라.

…아 여보세요? 나예요.

학생 디자이너 워크숍 가능할 것 같아요.

잘됐다! 지금부터 본격적으로 경관 조성하는 데 조금이라도 의견을 받아보고 싶거든.

우리끼리는 해결하지 못하는 것도 게임…

게임 밖에도 있는 잠재적 플레이어를 찾아서 참가시키면 상황이 개선되는 경우도 있죠.

알고 있다고요.

지금 돌아가요.

4시쯤에는 도착할 거예요.

01 '전략(선택지)'을 늘리다

일보전진한 문제해결

지금까지 게임이론을 개관해왔습니다만, 게임이론의 기초적인 생각으로부터 출발해서 한 걸음 더 나아가면 좀 더 발전된 문제해결법을 찾을 수 있습니다. 파트5에서는 그 방법에 대해 다룹니다.

첫 번째는 '전략(선택지)'을 늘리는 것입니다. 문제에 직면했을 때, 우리는 주어진 상황 속 극히 제한된 선택지밖에 없을 것이라 생각하기 쉽습니다.

하지만 사실은 **다른 유효한 선택지가 있을지도 모르고, 그것을 발견**한다면 게임 구조는 크게 변할 것입니다. 그러면 문제가 해결될 가능성도 높아지겠죠.

투수와 타자, 이기는 것은 어느 쪽일까?

전략이 늘어나서 게임 구조가 바뀌는 사례로서 투수와 타자의 플레이를 생각해보겠습니다.

투수에게는 '직구'와 '변화구'라는 전략이, 타자에게는 '직구 대응'과 '변화구 대응'이라는 전략이 있다고 하겠습니다. 결국, '직구'와 '변화구' 중 어느 쪽을 던지는가를 타자가 읽을 수 있다면 타자가 이길 것이고, 읽지 못한다면 투수의 승리이기 때문에, 게임 이익표는 다음과 같습니다.

이 게임에는 내시균형이 없습니다. **투수도 타자도 상대의 전략을 알고 있으면 이길 테니, 상대도 지지 않으려고 전략을 바꾸는 것이 보통입니다.** 이렇기 때문에, 어느 쪽이 이기는지는 알 수 없습니다.

전략이 적을수록 불리하다

그럼 만약 투수가 '직구'만 던질 수 있다면('직구'라는 전략밖에 가지고 있지 않다면) 승부는 어떻게 될까요? 타자 입장에서 보면, 반드시 '직구'가 올 것이

투수와 타자, 이기는 것은 어느 쪽일까?

		투수	
		직구	변화구
타자	직구 대응	① , −1	−1 , ①
	변화구 대응	−1 , ①	① , −1

라는 것을 알고 있기 때문에, 당연히 '직구 대응'을 하는 타자가 이길 것입니다. 반대로 투수가 '직구'와 '변화구'라는 전략을 가지고 있는데, 타자가 '직구 대응'밖에 하지 못한다면, 타자는 '변화구'에 속수무책이 되어버립니다. 이와 같이 **전략이 적을수록 불리**합니다.

투수는 상대가 대응할 수 없도록 공을 던질 수 있다면 유리하겠죠. 그렇기 때문에 많은 투수는 포크볼, 슬라이드볼, 투심패스트볼 등 다양한 변화구를 개발했습니다. 물론 타자도 이에 대응하지 않으면 승부의 세계에서 살아남을 수 없으니, 다양한 변화구에 대응할 수 있도록 노력하고 있습니다. 이렇게 **전략을 늘리면 당면한 과제를 해결할 수 있다**는 사실이 야구를 발전시키고 있습니다.

외부기회와 연봉 상승의 기술!?

전략을 늘려서 상황을 유리하게 만드는 것은 비즈니스 현장에서도 동일합니다.

예를 들어, 기업과 노동자(종업원)의 관계를 생각해보세요. 이른바 노사관계입니다. 한쪽이 다른 쪽을 착취하고 있다고 보는 사람도 있지만, 서로 관계를 만드는 것이 서로 이익이 되니 계약을 한다고 생각하는 것이 자연스러운 견해입니다. 기업은 노동자를 일하게 만들어 이익을 발생시킬 수 있으며, 노동자는 그 일부를 임금이라는 형태로 이익을 얻습니다. 즉, 기업과 노동자는 노사관계에서 생기는 수익이라는 파이를 나눕니다.

여기서 파이의 분배를 좌우하는 것은 임금입니다. 임금을 높이면, 노동자의 이익이 늘고, 반대로 임금을 줄이면 기업의 이익이 늘어납니다.

파이의 분배, 즉 **임금 결정에도 전략의 수가 영향**을 끼칩니다. **외부기회**

(아웃사이드 옵션)라 불리는 전략입니다. 예를 들어, 노동자가 그 기업에서 일한다는 전략밖에 가지고 있지 않다면 기업과의 교섭에서 불리한 위치에 서게 되며, 낮은 임금으로 계약할 수밖에 없을 것입니다. 반면, 노동자가 다른 기업에서 일한다는 외부기회를 가졌다면 상황은 변합니다. 기업 측에서 너무나 적은 연봉을 제시하면, 노동자는 다른 기업을 선택할지도 모르기 때문에, 좀 더 높은 임금을 제시하게 될 것입니다. 외부기회의 대우가 좋으면 좋을수록 노동자는 좀 더 유리한 상황입니다.

기업도 외부기회가 있는 쪽이 유리합니다. 기업에게 외부기회는 '다른 사람을 고용' '기계화' '아웃소싱'이라는 선택지가 있습니다.

실제 기업이 인력부족을 겪고 있으면, 노동자는 좋은 외부기회를 가지고 있는 것입니다. 그렇기 때문에 임금은 상승하는 경향이 있습니다. 반대로 인력이 남을 때는 기업이 상대적으로 좋은 외부기회를 가졌기 때문에, 임금은 하락하는 경향이 있죠.

여기서 주의해야 할 점은 **외부기회는 실제로 행사하지 않고 존재하는 것만으로도 결과에 영향을 준다**는 사실입니다. '다른 기업에서 일하다'라는 외부기회는 교섭에 영향을 주지만, 실제로 그것을 선택할 필요는 없습니다. 여러분이 지금 회사를 그만두고 싶은 마음이 전혀 없어도, '그만두다'라는 선택지를 준비해둔다는 데 의미가 있습니다.

오히려 간단히 외부기회를 행사하면 회사를 그만두는 데에는 리스크가 동반되기에 신중하게 판단해야 하겠죠. 기업은 간단히 그만둬버리는 사람과는 계약하고 싶어 하지 않습니다.

'다른 회사에서 일해도 되지만, 웬만하면 이 회사에서 일하고 싶다'라는 노동자와 '다른 사람을 고용할 수 있지만, 되도록 당신을 고용하고 싶다'

기업과 구직자의 관계

■ 인력이 부족할 때

구인 건수 **>** 구직자

=

구직자의 목소리가 커진다

■ 인력이 남을 때

구인 건수 **<** 구직자

=

기업의 목소리가 커짐

라는 기업이, 일정한 긴장관계 속에서 장기적인 협력관계를 유지하는 것이 이상적인 노사관계입니다.

비즈니스는 '제로섬 게임'인가?

'비즈니스 세계는 제로섬 게임'이라고 하는 사람이 있습니다. **제로섬 게임이란 모든 플레이어의 이익을 한 데 합하면 0이 되는 게임**입니다. 이익이 플러스가 되는 사람이 있는 반면, 반드시 마이너스인 사람이 있습니다. '비즈니스 세계는 제로섬'이라고 하는 사람은 경제활동이 전체에게 어떤 이익도 만들어내지 못한다는 주장입니다. **이기는 사람이 있으면 지는 사람도 있으니, 이익의 합계가 늘어나지 않는다는 것이죠.**

이익을 얻는 사람과 손해를 보는 사람이 있는 것은 사실입니다. 하지만 비즈니스는 경제 전체로서는 **포지티브섬**(모든 플레이어 이익의 합계가 증가할 여지가 있다) **게임**입니다. 고도로 분업화된 현대 비즈니스는 자급자족 시대와 비교하면, 훨씬 풍요로운 포지티브섬 구조이기 때문입니다.

노사 간의 협력관계도 마찬가지입니다. 협력해서 가치를 만드는 것으로, 서로 이익을 얻을 수 있습니다. 개중에는 극단적으로 커다란 이익을 손에 넣은 사람도 있을지 모르죠. 그것은 다른 사람들의 이익을 착취하는 결과라기보다는, 좀 더 커다란 가치를 만들어낸 결과인 경우가 많습니다.

이는 기업 간에 있어서도 마찬가지입니다. 프로 스포츠 세계에서 상대 팀과 협력하면 '협잡질'이 되지만, 비즈니스 세계에서는 경쟁기업과 언제나 적대할 필요는 없습니다. 경쟁기업과의 대등한 합병이나 신기술 공동개발도 시기적으로 상황을 타개하는 데 유효한 전략이 될지도 모릅니다.

경쟁은 노력을 이끌어내는 효과도 있지만, 지나친 경쟁은 사회 전체에 마

이너스일 때가 있습니다. 게임 전체 구조를 조감해서, 심각한 딜레마 상태에 빠졌다는 것을 알았다면, 서로 이익이 될 만한 협력 전략이 있을지 검토해보면 어떨까요?

02 '플레이어'를 늘리다

잠재적 플레이어를 찾아라

어떤 문제의 해결책을 생각할 때 우리는 '현상'이라는 틀 안에서 사고를 제한하기 쉽습니다. 그 틀을 넘어, 게임 밖에 있는 '잠재적인 플레이어'를 끌어들임으로써 상황이 개선되기도 합니다.

예를 들어, 보육기관 대기 아동의 문제를 생각해봅시다. 보육기관에 맡길 수 없다는 이유로 일하고 싶은데 엄마가 일을 그만두거나, 계속 일하고 싶다는 이유로 여자들이 결혼이나 출산을 포기하게 되는 일들은 굉장히 심각한 사회문제입니다.

이 문제를 '일하는 엄마'와 '행정'이라는 플레이어만으로 해결하려 하면 좀처럼 좋은 해결책이 나오지 않습니다. 이 문제를 해결할 방안으로 육아를 마친 엄마를 게임에 참여시키는 방법이 있습니다.

파트4에서 나왔듯이 외국어로 응대할 수 있는 관광 가이드가 부족할 때, 외국어를 배우는 학생을 참가시키는 것 역시 뛰어난 아이디어입니다.

새로운 플레이어를 참가시킴으로써 문제가 해결되는 이들 사례는 코디네이션 게임으로 이해할 수 있습니다.

현재는 서로 관계성을 갖지 않은 상태에서 보조를 맞추고 있습니다. 한쪽에서만 관계성을 가지려고 하면 협력관계는 성립하지 않기 때문에 차라리 안정된 내시균형을 이루는 현재가 낫지만, 양쪽이 보조를 맞추어 관계성을 가지게 되면 서로의 상태가 개선될 것입니다. 또한 **윈윈관계를 형성하고 있다면, 많은 사람들의 이익은 개선될 것입니다.** 정확하게 코디네이션 게임의 구조로 되어 있는 거죠.

알고 보면 코디네이션 게임인데, 우리는 자신이 처한 상태가 코디네이션 게임 구조로 되어 있다는 것조차 알지 못할 때가 많습니다.

당신의 고민을 해결해줄 사람, 당신이 원하는 것을 가진 사람, 당신이 처

윈 윈 관 계 를 만 들 어 내 다

육아 경험이 있고, 시간이 있으며, 일할 의욕을 가진 여성(B)

육아 중인 여성 (A)	A의 육아를 돕는다	돕지 않는다
B에게 도움을 청한다	2 , 2 (내시균형)	0 , 1
자력으로 육아	1 , 0	1 , 1 (내시균형)

보다 좋은 전략

분에 어려움을 겪고 있는 것을 필요로 하는 사람, 당신의 힘을 필요로 하는 사람 등. 사실 우리는 깨닫지 못했을 뿐이지, 협력하면 서로에게 이익이 되는 윈윈관계에 있는 파트너는 많이 있을 것입니다.

게임 밖 세계에도 눈을 돌려 새로운 파트너를 찾아보는 것은 어떨까요.

03 아이디어 찾는 법

견문을 넓혀라

전략과 플레이어를 늘려야 한다는 것은 알겠는데, 구체적으로 어떻게 해야 할까요? 확실히 문제를 해결할 구체적인 방법을 찾기 쉽지 않습니다. 지식이나 경험에 의지해 스스로 생각해보는 것도 중요하지만, 다른 사람의 아이디어를 참고하는 것도 현명한 방법입니다.

긴지로의 형 긴타로는 견문을 넓히기 위해 세계를 여행했는데, 이러한 시도도 효과적입니다. 해외에 가면, 우리에게 당연한 것이 다른 나라에서는 그렇지 않다는 것을 깨닫기도 합니다. **우리의 균형이 유일한 것이 아니라는 사실을 알고 나서야 비로소 코디네이션 게임의 구조를 깨닫는 경험**은 게임이론의 연구자인 저 자신에게도 종종 일어나는 일입니다.

국내에서 일어나는 여러 문제를 해외에서는 어떻게 대처하고 있는가. 비즈니스라면 자사에서 일어나는 문제에 대해, 타사, 게다가 같은 업계 내의 경쟁자가 아닌 완전히 다른 업계의 기업이나 단체 및 조직에서는 어떻게 대처하고 있는가.

　해결책을 그대로 자신의 문제에 적용할 수 없더라도 어떠한 힌트를 줄 수도 있습니다.

잠자고 있는 아이디어를 끄집어내다

　아이디어의 힌트는 조직의 외부에만 있지 않습니다. 조직 안에도 문제를 해결할 수 있는 힌트가 되는 정보나 아이디어를 가진 사람이 있을지도 모릅니다.

　과제를 공유하고 해결 방법에 대해 의견을 교환하면서, 아이디어를 도출하는 것이 이상적입니다. 본래 회의에는 이러한 목적이 있습니다만, 좀처럼 의견이 나오지 않는 경우도 많습니다. 의견을 들어주지 않는 조직에서는 잠자는 아이디어를 도출하기 어렵습니다. 다른 사람의 의견을 듣는 자세도, 아이디어를 찾기 위해서는 절대 빠뜨릴 수 없습니다.

04 아이디어를 실현하려면

해결 방법을 '아는 것'과 '할 수 있는 것'의 큰 차이

문제의 구조를 알면 해결 방법을 찾는 것은 그리 어렵지 않습니다. 비슷한 과제를 극복한 조직이나 사회의 탁월한 해결 방법을 자신들도 해보고자 누구나 생각할 것입니다.

하지만 모두가 일제히 행동을 바꾸거나, 룰을 바꾸고, 새로운 윈윈관계를 구축하는 등의 해결 방법은 혼자서는 실현할 수 없습니다.

반드시 조직 내 구성원의 합의나 협력이 필요합니다.

포인트는 신뢰관계와 소셜 캐피털

비슷한 조직의 비슷한 문제라도 해결할 수 있는 케이스와 그렇지 않은 경우가 있는 이유는 무엇일까요. 좀 더 구체적으로 말하면 조직 내 구성원들의 합의와 협력을 얻으려면 어떻게 해야 할까요.

그 **열쇠를 쥔 것**은 '**신뢰관계**'입니다.

최근 경제학이나 사회학의 분야에서는 **소셜 캐피털**(사회관계 자본)이라고 하는 새로운 자본의 역할에 주목하고 있습니다. 소셜 캐피털이란 사람의 모임 안에 있는 신뢰관계를 말합니다. 신뢰관계는 눈에 보이지 않습니다. 하지만 신뢰관계를 만들기 위해서는 다양한 노력이라는 투자가 필요합니다. 그리고 신뢰관계가 있음으로써 합의나 협력을 얻을 수 있으며, 그것이 조직 안의 활발하고 건전한 활동에 공헌한다는 사실을 알게 되었습니다. 아무리 좋은 해결 방법도 제안자를 신뢰하지 못하면 '뭔가 다른 목적이 있는 게 틀림없어' 하고 경계하거나 '저 사람은 마음에 들지 않으니 협조하지 않을 거야' 하며 반대할 것입니다. 신뢰를 얻지 못한 채 억지로 진행하려고 하면 잘될 수가 없습니다.

그래서 무언가 시작할 때는 우선 신뢰관계를 만드는 일부터 시작하세요. 신뢰관계를 만들려면 나름의 투자(노력과 시간)가 필요합니다. 우선은 함께 문제해결에 참여해줄 신뢰할 수 있는 동료를 찾는 일부터 시작하세요. 그리고 조금씩 이해관계자를 늘려, 협력자 네트워크를 만드는 것이 중요합니다.

동료나 이해관계자를 늘리기 위해서 효과적인 것이 '대화'입니다. 어떤 한 가지 과제에 대해 많은 사람과 의견을 교환하는 것은 문제해결에 대한 아이디어를 얻을 수 있을 뿐만 아니라 협력자를 찾는 데도 효과적입니다.

대화를 통해 다양한 의견을 듣고, 이해를 통해 합의를 이룬다면 문제해결에 큰 진전이 있을 것입니다.

05 치열한 경쟁을 벗어나려면

모두 비슷하면 곤란한 일도 있다

마지막으로 비즈니스에 있어서 자주 있는 사례를 게임이론의 관점에서 생각해보겠습니다. 파트2 코디네이션 게임에서는 많은 사람이 같은 선택을 하는 것에 장점이 있는 상황을 소개했지만, 세상에는 그와 반대되는 경우가 적지 않습니다. 실제로 **같은 일을 하는 사람이 늘어나면 오히려 곤란한 경우가 많습니다.** 예를 들어, 돈을 많이 벌 수 있다는 이유로 의사나 변호사, 아이돌이 되고 싶은 사람이 꽤 있습니다.

하지만 세상 모든 사람들이 의사나 변호사, 아이돌이 되면 곤란해지겠죠. 같은 일을 하는 사람이 늘어나면, 한정된 일자리를 서로 빼앗게 됩니다. 이는 기업 간 경쟁에서도 있는 일입니다. **아무리 훌륭한 제품이라도 여러 기업이 경쟁적으로 판매하려다 보면, 서로 고객을 빼앗게 되고 이익이 적어지게 됩니다.**

작게 보면 제로섬 게임, 크게 보면 포지티브섬

이러한 경쟁 세계에 있으면 세상은 제로섬 게임처럼 느껴집니다.

이기는 자가 있으면 지는 자가 있을 것이며, 모두가 좋은 생각을 할 수 없습니다.

그러나 조금 더 시야를 넓혀 생각하면 시각이 달라집니다.

시간적 시야를 넓히면, 우리는 인류의 오랜 역사 속에서도 (적어도 물질적으로는) 가장 윤택하고 혜택받은 생활을 하고 있음을 알 수 있습니다. 이 풍요로운 생활을 지탱하고 있는 것은 '**사회적 분업의 이익**'입니다.

우리는 실로 다양한 물건이나 서비스를 소비하고 있지만, 그 대부분은 타인이 만든 것입니다. 우리는 다른 사람을 위한 물건이나 서비스의 생산에 관여하고, 그렇게 해서 얻은 돈으로 필요한 것을 다른 사람에게서 사고 있습니다. 자급자족은 비효율적이고, 특정 물건이나 서비스의 생산에 특화되어 있으며, 게다가 생산 공정도 세분화, 분업화함으로써 비약적으로 생산성이 높아지기 때문입니다.

직업이나 직무에서 역할을 분담함으로써 생산성이 높아지고, 결과적으로 자급자족으로 얻을 수 있는 것보다 훨씬 많은 양질의 물건이나 서비스를 얻을 수 있습니다. **이에 따라 경제 전체를 조감하면 포지티브섬 구조가 있음**을 알 수 있습니다.

포지티브섬 구조가 기능하기 위해 필요한 것

포지티브섬 구조가 기능하기 위해서는 역할 분담이 중요합니다.

즉, **모두가 같은 일을 해서는 의미가 없습니다.** 모든 사람이 의사, 변호사, 아이돌만 하려 한다면 사회적 분업이 기능하지 않습니다. **사람들의 니**

즈에 따라서 사회적 역할 분담이 진행되어, 다종다양한 물건이나 서비스가 만들어짐으로써, 우리는 윤택한 생활을 누릴 수 있습니다.

그렇지만 세상에 많은 물건이나 서비스가 있고, 그것들을 만들어내는 다양한 직업과 직종이 있습니다. 그리고 필요한 것을 딱 필요한 만큼 만들도록 역할 분담을 하는 것은 굉장히 어려운 일입니다.

어떤 물건이 부족하다거나, 너무 많은 일이 종종 일어나기도 하죠.

'의자 빼앗기 게임'에서 벗어나자

사회에는 이러한 불균형을 조정하는 구조가 갖추어져 있습니다. 그것이 경제학에서 흔히 볼 수 있는 **'수요'와 '공급'**이라는 두 가지 관점입니다.

예를 들어, 라면을 좋아하는 사람이 많은 동네에 라면가게가 한 곳밖에 없다면(라면가게 공급부족 상태), 이 라면가게는 크게 번창해서 큰 이익을 얻을 것입니다. 이 이익은 새로운 라면가게의 참가를 촉구하고, 공급 부족을 해소하는 힘이 됩니다. 장사가 잘되는 라면가게를 목표로 새로운 점포가 점점 오픈하게 될 것입니다. 그러나 라면가게가 너무 많이 생겨버리면(공급이 너무 증가하면), 한정된 손님을 서로 빼앗게 되어, 이익은 줄어듭니다.

이 어려운 경쟁은 제로섬 게임처럼 보입니다. 그러나 조금 더 큰 시각으로 조감해 생각하면, **경쟁으로 이익이 오르지 않는 것은 '제로섬 게임'이라서가 아니라, '수요에 대해서 공급이 과잉'**이기 때문입니다. 라면가게 이외의 음식점이나 지역에 부족한 업종(공급이 부족한 것)으로 변경하면, 자신의 가게도 이익이 나고 경쟁하던 라면가게의 이익도 늘어납니다. 심지어 동네 사람들까지 행복해질 것입니다.

긴지로가 사는 온천마을은 외국인 관광객을 타깃으로 한 관광온천마을로 전향했지만, 이런 전략이 항상 잘되는 것은 아닙니다. 외국인 관광객들에게 이미 그런 서비스가 제공되고 있어서 더 이상 이익을 낼 수 없는 상황이 됐다면 다시 생각해야 합니다.

긴지로는 긴타로와 함께 여관을 계속 경영하는 것이 아니라, 지역 어드바이저로서 후나리 마을과 외부를 잇는 일을 선택했습니다. 물론 여관 경영에 일손이 부족하다면 형 긴타로와 함께하는 길을 선택하는 것도 나쁘지 않을 것입니다.

그러나 긴지로는 여관의 경영은 형 긴타로에게 맡길 수 있다고 생각해 후나리 마을과 외부를 잇는 지역 어드바이저가 된 것입니다.

경제 변화가 심해진 현대사회에서는 절대적으로 안정된 직업이 적어지지 않을까요.

이런 세상을 지혜롭게 살아가기 위해서는 **경제 전체를 조감해 사람들의 니즈는 무엇이고, 부족한 것은 무엇인지 생각하고 행동하는 힘**이 필요합니다. 또 **지금 하고 있는 경쟁이 '의자 빼앗기 게임'이라면, 깨끗이 물러나서 의자가 남아도는 비즈니스로 방향을 전환하는 유연성**도 요구됩니다.

그래서 다른 지역과 스터디를 하기로 했으니…

내 말 듣고 있어요?

탄광촌을 이미지화한 석탄 모양의 비누나 배스밤bath bomb…

배스밤이 뭔데?

그거 욕실에 놔두면 폭발하는 거잖아.

그런 게 특산품이 되나?

Epilogue

후나리 마을에 찾아온 결실의 계절

…아니에요. 입욕제를 말하는 거예요!

오오-! 역시 지역 어드반가 뭔가!

잘 알고 있네.

그렇구먼! 우리 온천수 성분을 넣으면 완벽하네.

고객 의견 받은 것도 꽤 공부가 되네!

식사 메뉴도 검은색 식재료로 만들어볼까?

아아! 괜찮은 생각인데요!

….

점점 우리가 필요 없어지는 것 같아….

여기까지 끌고 온 게 누군데.

뭐 어때. 모두 능동적으로 변했다는 증거잖아.

오, 긴지로. 얼마 전 취재해간 기사가 올라왔어.

어째서 형이 전부 다 한 것처럼 기사가 난 거지?

그야, 내가 좀 더 남자답고

나도 공헌했으니까.

완전히 운이지만 사진으로 홍보한 것도 성공했지.

…어?

사람은 확실한 목표가 있으면 큰 힘을 발휘할 수 있는 신기한 동물입니다. 이 책에서 배운 것을 실천해보기 위해서라도, 부디 명확한 목표를 가지고 게임이론을 사용해보길 바랍니다.

개중에는 상대를 이기기 위한 도구로 게임이론을 소개하는 책도 있습니다. 누군가를 이기려는 것이 진정한 목적이라면, 그것을 목표로 하는 것도 좋을 것입니다.

그러나 누군가를 이겨도 일시적인 만족밖에 얻을 수 없어 장기적으로는 아쉬운 결과를 초래할 수도 있습니다. 이미 배운 것처럼 단기적 시야로 생각하던 것을 장기적 시야로 생각하게 되면 목표도 바뀝니다(시간부정합성).

또한, 우리는 다양한 욕구에 비추어 종합적으로 바람직한 판단을 내리는 일에 서투릅니다(매슬로의 욕구 5단계). 부와 명성을 얻기 위해 계속 일만 했는데, 정신 차리고 보니 가족은 자기 곁을 떠났고, 무리하는 바람에 건강을 잃고, 그동안 벌어놓은 돈은 치료하는 데 다 써버리는…… 이런 일이 생기면 슬프겠죠.

다행히도 우리는 물질적으로는 아주 풍요로운 생활을 영위할 수 있게 되었습니다. 매슬로의 욕구 단계로 말하자면, 저차원의 생리적 욕구뿐만

이 아니라 존경 욕구나 자아실현 욕구와 같은 보다 고차원의 욕구도 생각할 여유가 있는 사람이 적지 않습니다. 그러나 여유가 있어도, 저차원의 욕구를 추구하는 습관에서 벗어나기 어려울 것입니다. 필요 없는 물건이 너무 많아서 집이 정리되지 않는다는 사람이 매우 많은 것처럼요.

생텍쥐페리의 소설 『어린왕자』에 "정말 소중한 것은 눈에 보이지 않는다"라는 유명한 말이 있습니다.

물질적으로 풍요로운 세상에 살고 있어도, 많은 문제에서 좀처럼 벗어나지 못하는 이유 중 하나는 자신에게 소중한 것을 잃어버리고 있기 때문인지도 모릅니다.

여러분에게 진정한 목표는 무엇인가요? 주위의 목소리와 눈앞의 이익, 일시적인 감정에 휩쓸리지 말고 진정한 목표를 찾아봅시다.

후회할 일이 없을 것 같은 목표를 찾을 수 있다면, 그것을 달성하기 위해 꼭 이 책에서 배운 게임이론의 지식을 사용해보세요.

아무리 뛰어난 도구라도 사용하지 않으면 도움이 되지 않습니다. 게임이론이 여러분의 문제해결에 도움이 되는 도구가 되길 바랍니다.

Original Japanese title: MANGA DE YASASHIKU WAKARU GAME RIRON
Copyright © 2015 Satoshi Kawanishi, Enmo Takenawa
Original Japanese edition published byJMA Management Center Inc.
Korean translation rights arranged with JMA Management Center Inc.
through The English Agency (Japan) Ltd. through Danny Hong Agency.
Korean translation rights © 2022 by DOCENT

옮긴이 복창교
부산대학교 일어일문학과와 일본 리쓰메이칸대학에서 공부했다. 출판사에서 출판에디터로 일했고,
지금은 번역 및 편집 프리랜서로 활동하고 있다. 옮긴 책으로는 『살인마 잭의 고백』 『청소시작』
『진짜 대화가 되는 영어』 『사료만 먹여도 괜찮을까? 반려견 편』 『사료만 먹여도 괜찮을까? 반려묘
편』 『HOW TO 팬베이스: 팬을 얻는 실천법』 『HOW TO 미의식: 직감, 윤리 그리고 꿰뚫어보는 눈』
『HOW TO 하버드 필드 메소드』 『HOW TO 중기경영계획: 수립&실행』 등이 있다.

HOW TO
게임이론
플레이어, 전략, 이익

초판 1쇄 인쇄   2022년 7월 1일
초판 1쇄 발행   2022년 7월 31일

글   가와니시 사토시
그림   엔모 다케나와
옮김   복창교

경영총괄 이충석
디자인   정은혜

펴낸이   구난영
펴낸곳   도슨트
주소   서울특별시 마포구 월드컵북로 207 302호
전화   070-4797-9111
팩스   0504-198-7308
이메일   docent2016@naver.com
ISBN   979-11-88166-78-7(03320)